体育运动

冰球 水球
BINGQIU SHUIQIU

主编 赵权忠 苏晓明
　　　 兴树森 才立辉

走进**大自然**
走到阳光下
养成**体育锻炼**好习惯

吉林出版集团股份有限公司　全国百佳图书出版单位

图书在版编目（CIP）数据

冰球 水球 / 赵权忠等主编.—长春：吉林出版集团股份有限公司，2011.6（2024.1 重印）
ISBN 978-7-5463-5721-8

Ⅰ.①冰… Ⅱ.①赵… Ⅲ.①冰球运动—青年读物②水球运动—青年读物 Ⅳ.①G862.3-49②G861.3-49

中国版本图书馆 CIP 数据核字（2011）第 117606 号

冰球 水球

主编 赵权忠　苏晓明　兴树森　才立辉
责任编辑 沈航
出版发行 吉林出版集团股份有限公司
印刷 三河市同力彩印有限公司
版次 2011 年 7 月第 1 版　2024 年 1 月第 8 次印刷
开本 787mm×1092mm 1/16　印张 10　字数 100 千
地址 吉林省长春市福祉大路 5788 号　邮编 130000
电话 0431-81629968
电子邮箱 11915286@qq.com
书号 ISBN 978-7-5463-5721-8
定价 45.80 元

版权所有　翻印必究
如有印装质量问题，请寄本社退换

《体育运动》 编委会

主　　任　宛祝平

编　　委　支二林　方志军　王宇峰　王晓磊　冯晓杰
　　　　　　田云平　兴树森　刘云发　刘延军　孙建华
　　　　　　曲跃年　吴海宽　张　强　张少伟　张铁民
　　　　　　李　刚　李伟亮　李志坚　杨雨龙　杨柏林
　　　　　　苏晓明　邹　宁　陈　刚　岳　言　郑风家
　　　　　　宫本庄　赵权忠　赵利明　赵锦锦　潘永兴

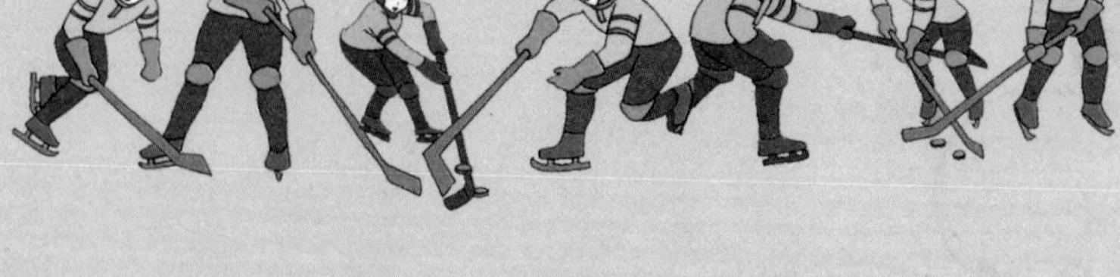

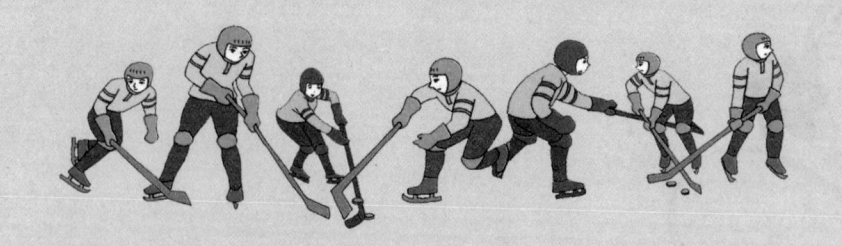

目录 CONTENTS

冰球

第一章 运动保护
第一节 生理卫生……………………2
第二节 运动前准备…………………3
第三节 运动后放松…………………8
第四节 恢复养护……………………10

第二章 冰球概述
第一节 起源与发展…………………12
第二节 特点与价值…………………14

第三章 冰球场地、器材和装备
第一节 场地…………………………18
第二节 器材…………………………20
第三节 装备…………………………22

第四章 冰球基本技术
第一节 起跑…………………………28
第二节 向前滑行……………………29
第三节 转弯滑行……………………32
第四节 急停…………………………36
第五节 转身…………………………38
第六节 杆上技术……………………42

目录 CONTENTS

第七节 射门技术.........................51
第八节 抢截技术.........................56
第九节 守门员技术.......................61

第五章 冰球基础战术
第一节 进攻战术.........................70
第二节 防守战术.........................82

第六章 冰球比赛规则
第一节 程序.............................90
第二节 裁判.............................91

水球

第七章 水球概述
第一节 起源与发展.......................96
第二节 特点与价值.......................98

第八章 水球场地、器材和装备
第一节 场地............................102
第二节 器材............................104
第三节 装备............................105

第九章 水球基本技术
第一节 基本练习........................110

目录 CONTENTS

第二节 传接球..........................117
第三节 射门............................127
第四节 防守............................133
第十章 水球基础战术
第一节 常见战术........................140
第二节 多打少战术......................141
第三节 防守战术........................144
第十一章 水球比赛规则
第一节 程序............................148
第二节 裁判............................150

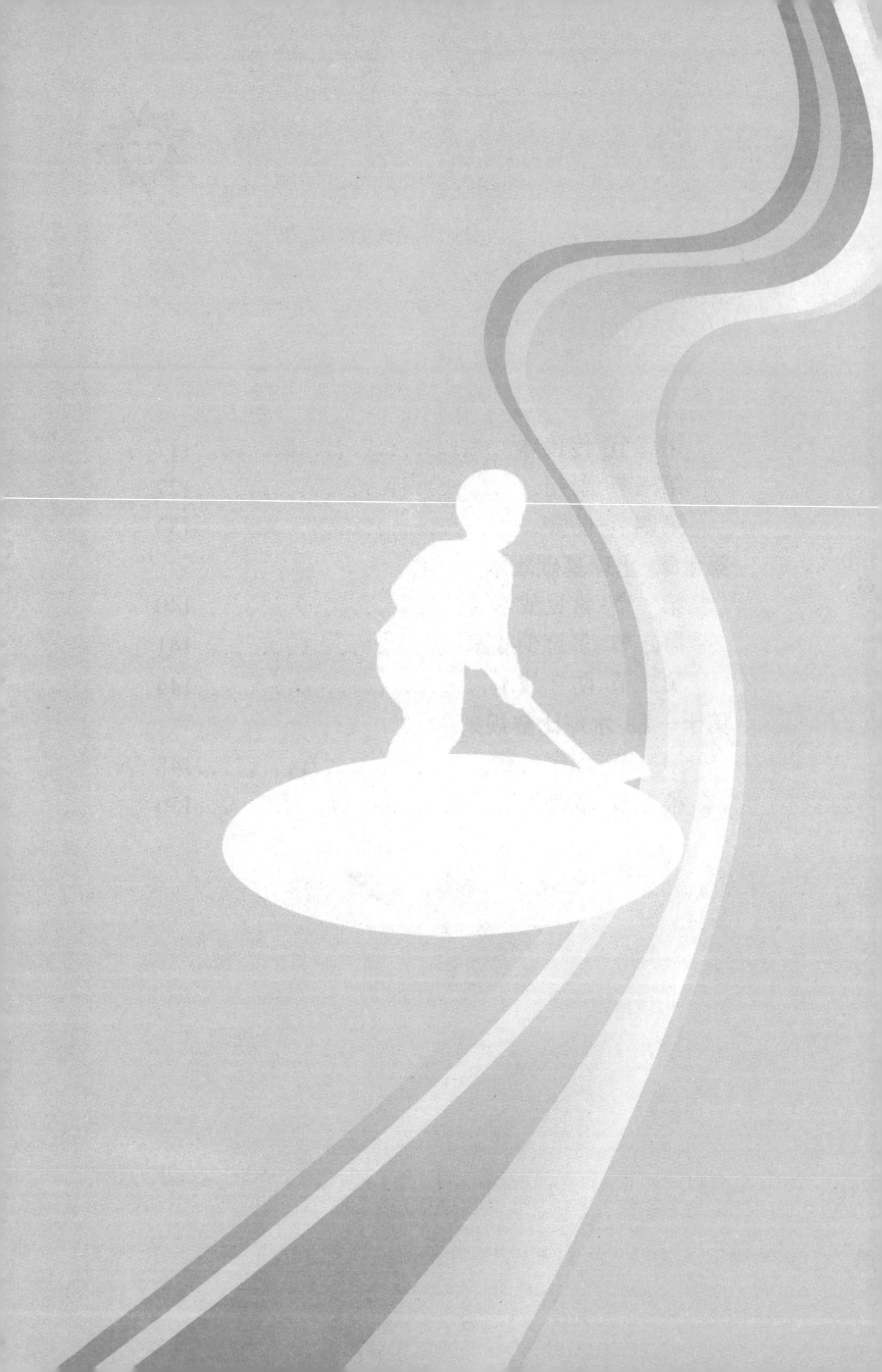

冰球

第一章 运动保护

"生命在于运动",但是盲目、不科学的运动非但不能起到强身健体的作用,反而会给身体带来一定的伤害。只有掌握体育锻炼的一般性生理卫生知识,科学地进行体育锻炼,才能起到健身强体的作用。

第一节 生理卫生

青少年在进行体育运动时，除了应进行一般性的身体检查和必要的咨询外，还要注意培养运动兴趣和把握适当的运动强度。

一、培养运动兴趣

在进行体育运动前，必须培养自己对体育运动的兴趣。培养兴趣的方法有很多，如观看体育比赛，与同学、朋友进行体育比赛等。有了浓厚的兴趣，就能自觉地投入体育运动之中，从而达到理想的体育锻炼效果。

二、把握运动强度

因为青少年进行体育运动，主要是在享受体育运动的过程中增强体质，提高健康水平，而不仅是为了创造运动成绩，所以运动强度不宜过大。控制运动强度最简单的办法是测定运动时的脉搏。对青少年来说，运动时的脉搏控制在每分钟140次左右较为合适。

第二节 运动前准备

运动前进行充分的准备活动，对于青少年来说是非常重要的。一些青少年体育运动爱好者，常常不重视运动前的准备活动，导致各种运动损伤，影响运动效果，也容易失去对体育运动的兴趣，甚至造成对体育运动的畏惧。因此，青少年在进行体育运动前，必须做好充分的准备活动。

一、准备活动的作用

运动前做好充分的准备活动能够对肌肉、内脏器官有很大的保护作用，同时还可以提前调节运动时的心理状态。

（一）提高肌肉温度，预防运动损伤

运动前进行一定强度的准备活动，不仅可以使肌肉内的代谢过程加强，温度增高，黏滞性下降，提高肌肉的收缩和舒张速度，增强肌力，同时还可以增加肌肉、韧带的弹性和伸展性，减少由于肌肉剧烈收缩而造成的运动损伤。

（二）提高内脏器官的功能水平

内脏器官的功能特点之一就是生理惰性较大，即当活动开始、肌肉发挥最大功能水平时，内脏器官并不能立刻进入最佳活

动状态。而充分的准备活动可以帮助内脏器官得到"热身",从而起到较好的调节和保护作用。

(三)调节心理状态

青少年进行体育锻炼不仅是身体活动,同时也是心理活动。研究证明,心理活动在体育锻炼中起着非常重要的作用。体育锻炼前的准备活动,可以起到心理调节的作用,即接通各运动中枢间的神经联系,使大脑皮层处于最佳兴奋状态。

二、如何进行准备活动

一般来说,准备活动主要应考虑内容、时间和运动量等问题。

(一)内容

准备活动可分为一般准备活动和专项准备活动。一般准备活动主要是一些全身性的身体练习,如跑步、踢腿、弯腰等。一般准备活动的作用在于提高整体的代谢水平和大脑皮层的兴奋状态,减少运动损伤的发生。专项准备活动是指与所从事的体育锻炼内容相适应的动作练习。

下面介绍一套一般准备活动操,供青少年运动前使用。这套活动操主要包括头部运动、肩部运动、扩胸运动、体侧运动、体转运动、髋部运动和踢腿运动等。

1. 头部运动

头部运动的动作方法(见图 1-2-1)是：

两手叉腰，两脚左右开立，做头部向前、向后、向左、向右，以及绕环运动。

2. 肩部运动

肩部运动的动作方法(见图 1-2-2)是：

手扶肩部，屈臂向前、向后绕环，以及直臂绕环。

3. 扩胸运动

扩胸运动的动作方法(见图 1-2-3)是：

屈臂向后振动及直臂向后振动。

4. 体侧运动

体侧运动的动作方法(见图 1-2-4)是：

两脚左右开立，一手叉腰，另一臂上举，并随上体向对侧振动。

5. 体转运动

体转运动的动作方法(见图 1-2-5)是：

两脚左右开立，两臂体前屈，身体向左、向右有节奏地扭转。

6. 髋部运动

髋部运动的动作方法(见图 1-2-6)是：

两脚左右开立，两手叉腰，髋关节放松，向左、向右各做360°旋转。

7. 踢腿运动

踢腿运动的动作方法(见图 1-2-7)是：

两臂上举后振，同时一腿向后半步，然后两臂下摆后振，同时向前上方踢腿。

图 1-2-1

图 1-2-2

图 1-2-3

图 1-2-4

图 1-2-5

图 1-2-6

图 1-2-7

（二）时间和运动量

准备活动的时间和运动量随体育锻炼的内容和量而定，由于以健身为目的的体育运动量较小，因此准备活动的量也相对较小，时间也不宜过长，否则，还未进行体育锻炼身体就疲劳了。半小时的体育锻炼，准备活动时间一般以 10 分钟左右为宜。

第三节 运动后放松

进行剧烈的体育运动后，有些青少年习惯坐在地上，或是直接躺下来休息，认为这样可以快速消除疲劳。其实不然，这样做的结果不仅不能尽快地恢复身体功能，反而会对身体产生不良影响，正确的做法应该是运动后做一些整理活动，放松身体。

一、运动后整理活动的必要性

运动后的整理活动不但可以避免头晕等症状，还可以有效地消除疲劳。

(一)避免头晕

人体在停止运动后，如果停下来不动，或是坐下来休息，静脉血管失去了骨骼肌的节律性收缩，血液会由于受重力作用滞留在下肢静脉血管中，导致回心血量减少，心血输出量下降，造成暂时性脑缺血，出现头晕、眼前发黑等一系列症状，严重者甚至会出现休克。为了避免这些症状的发生，整理活动是非常必要的。

(二)消除疲劳

除了避免头晕等症状的发生，运动后的整理活动还可以改善血液循环状态，达到快速消除疲劳的目的。

二、放松方法

在运动后放松时，应注意以下几个问题：

(1)做一些放松跑、放松走等形式的下肢运动，促进下肢静脉血的回流，防止体育锻炼后心血输出量的过度下降；

(2)下肢活动后进行上肢整理活动，右臂活动后做左臂的整理

活动，通过这种积极性休息，使身体功能得到尽快恢复；

(3)整理活动的量不要过大，否则整理活动又会引起新的疲劳；

(4)在进行整理活动时，应当保持心情舒畅、精神愉快。

第四节 恢复养护

人体在运动后，除采用休息和积极性体育手段加速身体功能的恢复外，还可以根据体育运动的特点，补充不同的营养物质，以尽快消除疲劳。

体育运动结束后，人体内会产生一种叫作乳酸的酸性物质，它的积累会造成肌体的疲劳，使恢复时间延长。所以，我们在体育运动后，应多补充一些碱性食物，如蔬菜、水果等，而动物性蛋白等肉类食品偏"酸"，在运动后的当天可适当减少摄入。

第二章 冰球概述

　　冰球运动是一项速度快、对抗性强、身体接触频繁、争夺激烈的运动项目。经常从事冰球运动能培养人们勇敢、坚毅、果断的性格，能提高肌体对疾病和严寒的抗御能力，增强体质。

第一节 起源与发展

冰球运动是冬季用来锻炼身体和娱乐的体育运动,它的起源较晚,但深受人们的喜爱。

一、起源

冰球运动的产生晚于足球、曲棍球和速滑等运动项目。以前,近似冰球的游戏很多,如北美印第安人的"拉克罗斯球"、中国的"冰上足球"、俄罗斯的"俄罗斯冰上曲棍球"等都属于这类游戏。

据考证,现代冰球运动起源于加拿大。在加拿大的英国留学生 W·F·罗伯逊滑冰很出色,他把在英国学习期间了解到的曲棍球移到冰上打,并结合"拉克罗斯球"的特点,于 1783 年创造了一种新的冰上运动——冰球。因其诞生于加拿大,因此,人们又称冰球为加拿大球,把加拿大也称为冰球的"母国"。

1855 年,加拿大的安大略省金斯顿流行一种冰上游戏,游戏者脚上绑着冰刀,手持曲棍在结冰的湖面上追逐击打用圆木制成的冰球。当时参加比赛的人数不限,场地也没有限制,只用两根木杆竖立在冰上作为球门的标志,这就是最初的冰球运动。

二、发展

冰球运动是将滑冰和打球相结合的对抗性体育项目,受到人们的普遍欢迎。

(一)国际

20世纪初期,冰球运动传入欧洲,受到许多欧洲人的喜爱,之后遍及全世界。

1902年,冰球比赛在欧洲各国盛行。

1908年,在德国柏林举行了第一次欧洲国家冰球赛,并在法国巴黎成立了国际冰球联合会,总部设在英国。

1920年,冰球被列为第七届奥林匹克运动会比赛项目。

1924年,在法国沙莫尼举行的第一届冬季奥林匹克运动会上,男子冰球被列为正式比赛项目。

近年来除举办世界冰球锦标赛和冬季奥运会冰球比赛之外,还有世界青少年冰球锦标赛、欧洲锦标赛、欧洲少年冰球锦标赛。世界冰球锦标赛按水平分为A、B、C三组进行。

女子冰球运动是在加拿大开展起来的,冰球运动在加拿大已达到了家喻户晓的程度。

(二)中国

冰球运动在我国已有50多年的历史。

1953年2月,在哈尔滨举行了首届全国冰上运动会。

1956年,中国冰球协会参加了国际冰联。

1957年,全国冰球赛开始实行分级比赛,分成年组和少年组。1958年,成年组又分甲、乙级举行。

1981年,北京承办世界冰球C组锦标赛,我国国家队获得亚军,晋升B组。

1958—1982年，我国每年都举行全国性冰球比赛。冰球运动已普及到黑龙江、吉林、辽宁、河北、内蒙古、新疆、青海、宁夏和甘肃等地。

1986年3月1日，在第一届亚洲冬季运动会上，中国队获得冠军。

第二节 特点与价值

冰球是一项对抗性冬季运动项目。由于季节条件的限制，它的特点和价值与一些可以在其他季节进行的或非对抗性的体育项目有本质的区别。

一、特点

冰球运动的特点是器材设备简单，室内外都可以进行，运动量较大，能起到增进健康、增强体质的作用，很容易被大众所接受。

冰球运动娱乐性强，变化多，要求练习者在短时间内对瞬息万变的情况有较强的反应能力和应变能力。它能提高练习者肢体动作的灵敏性和协调性。

二、价值

经常参加冰球运动不但可以提高身体素质和锻炼心理素质，还可以借此扩大交往，增进人们之间的友谊。

（一）提高身体素质

长期参加冰球运动，随着水平的不断提高，活动范围的扩大，运动量的加大，不仅可以相应地提高速度素质、力量素质和身体的灵敏性、协调性，还可以使肌肉发达、结实、健壮，关节更加灵活稳固。

（二）提高反应速度

经常从事冰球练习，可以增强中枢神经系统对其他系统与器官的调节能力，提高反应速度。

（三）提高身体功能水平

经常参加冰球运动，能使心血管系统的结构和功能得到改善，心肌变得发达有力，心脏容量加大，每搏输出量增多，从而提高心脏的工作效率，有助于加快身体的新陈代谢，提高整个身体功能水平。

（四）锻炼心理素质

在冰球运动中，由于竞争激烈，成功和失败的条件经常转换，使运动者的情绪状态非常复杂。参赛者经过这些变幻莫测、胜负难料的激烈竞争的锻炼，体验了种种情绪，同时，在比赛中

要对对方战术意图进行揣摩,把握自己的战术应用等,能够使心理素质得到很好的锻炼。

(五)促进交流,增加友谊

通过参加冰球运动,可以相互交流经验、切磋技艺,达到相互学习、共同提高、建立良好人际关系的目的。

第三章 冰球场地、器材和装备

　　冰球运动对场地、器材和装备的要求比较高,场地和器材直接关系到运动员的人身安全,在练习或比赛前应严格检查,避免运动员受伤。

第一节 场地

冰球场地是进行冰球比赛的基础，场地要有一定的规格。初学者必须熟悉、了解场地，以便以后学习。

一、规格

（1）标准冰球场地最大规格为长 61 米，宽 30 米，四角圆弧半径 8.5 米；

（2）最小规格为长 56 米，宽 26 米，四角圆弧半径 7～8.5 米；

（3）在冰球场地标有球门线、中线、分区线、开球点、争球圈、球门区和裁判区等标志。

二、设施

（一）界墙

（1）冰球场地四周应设有高 1.20～1.22 米的界墙，由木头或塑料制成；

（2）除场地正式标记外，全部冰面和界墙内壁应为白色。

(二)球门

(1)球门宽1.83米,高1.22米;
(2)球门最深处不大于1米,不小于60厘米。

(三)球门网和门柱(见图3-1-1)

(1)球门支架后面应覆盖门网,门内悬挂垂网;
(2)门柱、横梁等向外的表面为红色,向内的为白色。

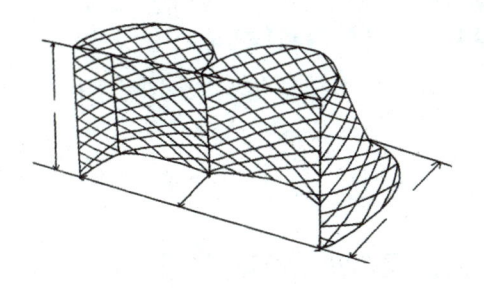

图 3-1-1

(四)其他

(1)在场地一侧的界墙外应设有分开的、供比赛队使用的队员席;
(2)对面边线界墙外设有裁判席和受罚席。

三、要求

为使比赛顺利进行，冰球场必须备有信号装置、公开计时装置和光照良好的照明设备。

第二节 器材

初学者学习冰球，必须具备球杆、冰球、冰球刀和鞋，这是学习冰球的基本器材。

一、球杆

(一)规格

(1)球杆从根部至杆柄端不能长于147厘米，杆刃不得长于32厘米，宽为5~7.5厘米；

(2)守门员球杆的杆柄加宽部分从根部向上不得长于71厘米，不得宽于9厘米，杆刃不得长于39厘米。

(二)材质

球杆有全木制和碳芯（碳素杆）两种，后者更轻巧，手感更好，但价格略贵。

(三)结构

球杆有整体型和分离型两种结构，分离型的可单选球拍和球杆(见图 3-2-1)。

图 3-2-1

二、冰球

冰球是冰球比赛的核心，场上运动员都围绕冰球展开激烈的对抗性活动，初学者有必要认识什么是冰球。

冰球一般用硬橡胶制成，黑色，扁圆形，厚 2.54 厘米，直径 7.62 厘米，重 156～170 克。

三、冰球刀和鞋

(一)冰球刀

冰球刀的好坏能够影响运动员滑行的速度，对初学者来说，能够严重影响初学者的技术，建议初学者购买一把适合自己的冰球刀。

(二)冰球鞋

(1)鞋勒较高，鞋头、帮、两踝和后跟等外层为硬质；

(2)前面的长鞋舌加上较硬的高勒，可将腿踝箍紧，帮助运动员支持和用力；

(3)现在多选用尼龙纤维鞋帮、塑料底的冰球鞋，坚硬、耐湿，适合室内冰场使用(见图3-2-2)。

图 3-2-2

第三节 装备

冰球运动的装备除服装外，还包括头盔、护胸、护腿、护肘、冰球裤衩和手套等护具。

一、服装

冰球比赛要求穿赛服和袜套，穿在护具外面。

二、护具

（一）头盔

头盔是一种用于保护头部及面部的装备，好的头盔要具有完善的保护功能且佩戴舒适，分为全面罩（18岁以下儿童必戴）、半面罩和无面罩等（见图3-3-1）。

图 3-3-1

（二）护胸

护胸主要起保护胸部和肩部的作用，好的护胸要具备重量轻、透气性好的特点（见图3-3-2）。

图 3-3-2

(三)护腿

膝盖是滑冰者摔倒后一般第一个着地的部位,较容易受伤,护腿主要用于保护膝盖和小腿(见图 3-3-3)。

图 3-3-3

（四）护肘

肘部是身体较脆弱的部位，所以，护肘的外部要有坚硬的外壳，内部要有柔软的海绵，其特性与护胸相似（见图3-3-4）。

图 3-3-4

（五）冰球裤衩

冰球裤衩主要起到保护臀部及大腿不被冰球打伤的作用，要求坚硬、重量轻、透气性好（见图3-3-5）。

图 3-3-5

(六)手套

　　手套在冰球运动中不可缺少，要求有良好的透气性和防水性（见图 3-3-6）。

图 3-3-6

第四章 冰球基本技术

　　青少年学习冰球时应打好基础,为以后学习和运用各种冰球基本技术做好充分的准备。冰球基本技术的练习是冰球运动技术训练的基础,也是战术训练的基础。基本技术主要包括起跑、向前滑行、转弯滑行、急停、转身、杆上技术、射门技术、抢截技术和守门员技术等。

第一节 起跑

起跑是指运动员从静止状态或慢速滑行中所做的突然、快速的加速动作。在紧张激烈的比赛中，起跑通常用来摆脱对方、接应传球、突破进攻、争夺球权或回追防守等。起跑包括正面起跑和侧面起跑等。

一、正面起跑

正面起跑的动作方法（见图4-1-1）是：

（1）两膝弯曲，两脚同肩宽，站立于冰面，上体略前倾；

（2）起跑时，上体进一步前倾，与冰面呈45°角 重心前移，如用左脚开始起跑，左脚向外转，与滑行中线呈80°～90°角；

（3）用左腿蹬冰，同时右腿前摆（不宜太高），右臂用力后摆，右脚下刀时，冰刀与前进的直线大约呈50°角；

（4）右脚落冰后，重心移至右腿，右腿屈膝降低重心，立即开始第二步的蹬冰动作。

图4-1-1

二、侧面起跑

侧面起跑是一种侧向的起动技术，一般在双脚急停后或双脚急转弯后采用，动作方法（见图4-1-2）是：

(1) 两脚开立，两刀平行，两膝弯曲，上体正直；

(2) 起跑时，如向右起跑，上体向右倾斜，重心向右移动，左脚向左侧蹬冰后从右脚上跨过做交叉压步，重心移至右腿；

(3) 右腿向左侧蹬，用右刀外刃前半部切入冰面蹬冰，左脚刀落冰与运动方向垂直；

(4) 跑一两步后，上体带动右髋、右腿转向正面滑行。

图 4-1-2

第二节 向前滑行

向前滑行是冰球滑行的基本技术，直接影响着进攻和防守的速度、传接球的速度、运球的速度、身体阻截的效果、滑行中射门的速度，以及能否取得控制球权等。向前滑行包括四个阶段，即蹬冰、收腿、下刀和滑行。

一、蹬冰

如用左腿支撑滑行,则右腿蹬冰,动作方法(见图4-2-1)是:

(1)重心开始从右腿向左腿移动,用右刀刃切入冰面,向右侧用力蹬冰;

(2)依次伸展髋、膝关节和屈踝关节,用屈踝使刀前半部用力结束蹬冰动作,此时,用左脚滑行。

图4-2-1

二、收腿

右腿蹬冰结束,利用蹬冰反作用力开始收腿,动作方法(见图4-2-2)是:

(1)收腿顺序是屈髋、屈膝、伸踝,大腿带动小腿,积极前提,放松过程很短;

(2)收腿时冰刀离冰面不要太高,收到滑脚(左脚)之后。

图 4-2-2

三、下刀

收腿后的右脚在靠近支撑脚的位置下刀，动作方法是：
(1)出刀角度随着滑速的增加而缩小，在 36°～39°；
(2)下刀从外刃着冰开始迅速过渡到全刃着冰。

四、滑行

左脚蹬冰开始，右脚冰刀下刀开始滑行，左脚蹬冰结束，重心完全移到右脚上滑行，动作方法(见图 4-2-3)是：
(1)单脚滑行应全脚着冰；
(2)滑行时，膝部垂直线应超过刀尖。

图 4-2-3

第三节 转弯滑行

转弯滑行是指改变方向的滑行。在冰球比赛中,运动员往往需要改变滑行方向,这种转弯滑行是不用转身、急停而变向的较快方法,经常在切入、运球切入、过人、传接球和身体阻截中运用,包括双脚急转弯、单脚内刃转弯、单脚外刃转弯和压步转弯等。

一、双脚急转弯

双脚急转弯动作迅速、转弯快急,动作方法(见图 4-3-1)是:

(1)从向前滑行开始,收回浮脚,在靠近滑脚平行的位置下刀,距离同肩宽,屈膝,双手握杆,杆刃接近冰面或轻放冰上;

(2)如向左转,身体向左倾斜,重心向左移动,先转头,依次转肩和上体,自然带动腿部转动;

(3)转弯时，随着转体，两脚距离同肩宽，前后开立，左脚在前，右脚在后，重心落在两刀后半部，腿尽量向内倾斜，刀根用力，重心落在左刀外刃后半部和右刀内刃后半部，并切入冰面向外侧蹬冰；

(4)转弯超过90°后的一瞬间，身体重心向前移动，重心落在前脚上，右腿做压步，左脚在右脚下伸展膝关节，用力蹬冰加速，结束双脚急转弯动作。

图 4-3-1

二、单脚内刃转弯

单脚内刃转弯技术容易接向前起跑动作，常在运球摆脱对方和防守顶人时使用，动作方法(见图4-3-2)是：

(1)从向前滑行开始，浮足收回靠近滑行腿，滑行腿膝部弯曲，上体略前倾，重心落在支撑脚上，抬头，杆接近冰面；

(2)如向左转，身体向左倾斜，右脚支撑，左脚抬起，右刀内刃切入冰面；

(3)转弯超过90°以后，右腿伸展蹬冰，身体继续向左转90°，开始向前起跑结束转弯。

图 4-3-2

三、单脚外刃转弯

单脚外刃转弯常用于速度不大的转身抢球或运球进攻,动作方法(见图 4-3-3)是:

(1)从向前滑行开始,浮腿收回靠近滑脚,支撑腿膝关节略屈,杆刃接近冰面;

(2)转弯时,如向左转,身体向左倾斜,头、上体向左转,并带动左腿向左转动,左刀外刃着冰,重心落在左脚外刃上;

(3)转弯结束后,右脚接压步或侧起跑。

图 4-3-3

四、压步转弯

冰球比赛中，运动员要有高度的灵敏性，在转弯中不仅不减速，反而要增加速度，为此要学会并熟练掌握压步转弯技术，动作方法（见图4-3-4）是：

（1）从向前滑行和转弯滑行开始，压步之前，膝关节适当伸直，重心提高；

（2）压步开始时，如向左压步，身体向左倾斜，重心放在右脚上，向右侧蹬冰，左脚用外刃滑行；

（3）右腿蹬冰结束，重心完全移到左腿，右腿抬离冰面，在左脚上做交叉压步，同时左脚做侧蹬冰；

（4）右脚全刃着冰后，膝部弯曲，重心移到右脚内刃上，用右脚内刃滑行；

（5）左腿充分蹬直后向前收腿，然后用外刃着冰开始第二步的压步。

图4-3-4

第四节 急停

急停是运动员从有速度的滑行状态到静止状态的一项技术，常在冰球突然停止、对方队员突然停止、运用假动作、避免越位、躲闪和改变滑行方向时使用，包括双脚侧急停、单脚内刃急停和单脚外刃急停等。

一、双脚侧急停

双脚侧急停是常用且有效的急停方法，适用于高速中突然改变运动方向，并且容易接下一个动作。整个动作可分为预备和急停两个阶段，动作方法（见图4-4-1）是：

（1）预备阶段，身体向前滑行，准备急停时，两腿靠拢，膝关节适当伸直，重心略升高，两刀同肩宽，手握杆放于体前；

（2）急停阶段，急停时，重心向侧后方移动，头、肩、上体急转并带动两脚急转，与前进方向呈90°，屈膝用力蹬冰，如向右侧急停，则右刀在前，左刀在后，两刀以加大支撑面，重心放在两刀前半部，用右刀外内刃前半部切入冰面，增加制动摩擦力。

图4-4-1

二、单脚内刃急停

单脚内刃急停容易接下一个动作，在慢滑和运球时经常使用，动作方法（见图4-4-2）是：

（1）单脚急停之前，如向左停，左脚离开冰面，放在右脚之后，上体预先向左转动，带动右脚急剧转动，与前进方向垂直，重心放在右脚前半部，冰刀内刃切入冰面压冰，膝部用力蹬冰，重心后移；

（2）停止滑行后立即向反方向做起跑动作；

（3）向右急停和向左一样，只是方向相反。

图4-4-2

三、单脚外刃急停

单脚外刃急停也常用来连接下一个动作，其动作方法（见图4-4-3）是：

（1）急停时，支撑腿膝部弯曲，重心放在支撑脚上；

（2）如向左急停，则右脚靠近左脚，上体带动左脚向左急剧转动，左脚用力蹬冰，身体重心后移，左刀外刃切入冰面压冰；

（3）停止滑行后，立即向回做侧起跑；
（4）向右急停和向左一样，只是方向相反。

图 4-4-3

第五节 转身

转身也是一种变向，不同于滑行中的转弯，它是一种沿着身体纵轴的转体动作，其目的是观察形势、加快滑行速度、争夺球权、阻截对方队员，以及射门等。转身包括滑行转身—正滑变倒滑、滑行转身—倒滑变正滑、压步转身—正滑变倒滑和压步转身—倒滑变正滑等。

一、滑行转身—正滑变倒滑

"滑行转身—正滑变倒滑"是一种基本的转身技术，后卫应尤为熟练掌握，动作方法（见图4-5-1）是：

（1）从向前滑行开始，向右转身时，先把重心移到左脚上，收回右脚，靠近左脚，上体垂直于冰面；

（2）转身时，两手握杆放于身体右侧前方，重心向右移动，左刀刀跟向左外转动大约45°，伸展膝关节向下蹬冰，使身体重心提高，以左刀尖为轴，身体开始转动；

（3）头、肩、上体、髋迅速向右旋转，带动右腿转至大约135°后，右刀着冰重心移到右脚上，屈右膝，收回左脚，两脚距离同肩宽立于冰面，开始倒滑；

（4）向左转身和向右一样，只是方向相反。

图 4-5-1

二、滑行转身—倒滑变正滑

后卫在防守中被对方前锋绕过之后，必须向对方转体，这时可使用"滑行转身—倒滑变正滑"技术，动作方法（见图4-5-2）是：

（1）从倒滑开始，如向左转身，则先把重心移至右脚上，左脚向右脚靠拢，右膝略屈，上体正直，两手握杆放于身体侧前方；

（2）转身时，重心向右移动，右刀跟向右外转动大约45°，内

刃着冰并伸直右膝，以右刀尖为轴开始转身；

（3）先转动头，依次转肩，带动左腿转动大约135°后，左刀着冰，左膝弯曲，重心落在左腿上，收回右腿，结束转身动作，接着向前滑行；

（4）向右转身和向左一样，只是方向相反。

图 4-5-2

三、压步转身—正滑变倒滑

防守队员位于进攻队员侧前方时，常用压步转身靠近并面对进攻队员进行阻截，防守队员应尤为熟练掌握，动作方法（见图4-5-3）是：

（1）从正滑开始，做压步转身前，上体垂直，膝关节适当仰直；

（2）压步后，如向左转，则立即伸展右脚向下蹬冰，同时要转头，依次转上体并带动左腿向左后转动，转体180°；

（3）左脚着冰，左腿弯曲，重心落在左脚上，右脚收回，两脚距离略宽于肩，开始倒滑；

（4）向右压步转身姿势和向左一样，只是方向相反。

图 4-5-3

四、压步转身—倒滑变正滑

"压步转身—倒滑变正滑"动作对后卫来说很重要,动作速度比"压步转身—正滑变倒滑"要快,在比赛中经常使用,后卫队员应熟练掌握,动作方法(见图 4-5-4)是:

(1)从倒滑开始,做压步转身前,膝关节适当伸直,上体直立并抬头,双手握杆,两脚靠拢;

(2)如向左转身,则开始向左做倒滑压步;

(3)压步之后,右腿迅速伸展蹬直,略向左转,并以右刀尖为轴,开始向左转身;

(4)先转动头,依次转手臂、肩、上体,并带动左腿外旋转动,与前进方向呈180°后,左刀着冰,左膝弯曲,身体重心落在左腿上,收回右腿,两脚距离与肩同宽放于冰面,开始向前加速滑行;

(5)向右转身和向左相同,只是方向相反。

图 4-5-4

第六节 杆上技术

一名优秀的冰球运动员，不但要熟练地掌握滑行技术，而且要全面地掌握各种杆上技术，这样才能在激烈的比赛中掌握主动权，取得胜利。杆上技术包括球杆握法、运球和传接球等。

一、球杆握法

球杆握法是冰球运动的基础技术，其动作方法（见图 4-6-1）是：

(1) 以灵活有力的一只手握球杆的上端；
(2) 另一只手握在距上手 20~25 厘米处；
(3) 肩和上臂要放松，以便快速、灵活地做动作；
(4) 上手肘关节屈成 100°~120°，下手臂放松、伸直。

图 4-6-1

二、运球

运球是指滑行过程中对球的控制,包括拨球运球、推球运球和倒滑运球等。

(一)拨球运球

拨球运球便于随时改变运球方向和将球射出,常在过人、晃守门员、准备传球和射门时使用。初学拨球运球时,应从静止开始练习,动作方法(见图4-6-2)是:

(1)用滑行的基本姿势——坐姿;

(2)目视前方,用余光看球;

(3)两手适力握紧,上下手要略靠近些,距离为20～25厘米,伸向腹前,肩和上臂放松;

(4)用杆刃中部扣住球,通过腕的转动左右拨运。

图4-6-2

（二）推球运球

推球运球是较快的运球方法，常在前面没有对方队员阻截或离对方较远时使用，包括单手推运球和双手推运球等。

1. 单手推运球

单手推运球的动作方法是：

（1）用上手握杆，将球拨到握杆手一侧，球杆伸到前方，杆刃后半部扣住球；

（2）球滑到杆刃的前半部时，略改变杆刃角度，再将球串到后半部，如果运球距离较长，可向外转动手腕，使杆刃与冰球垂直，从后面推球向前滑行；

（3）不持杆手可做摆臂动作，协调配合两腿蹬冰，以便提高滑行速度。

2. 双手推运球

双手推运球的动作方法是：

（1）将球拨到下手一侧，推球向前滑行；

（2）如果无人阻截，可将球向前推离出杆刃，再迅速追上，继续控制球。

（三）倒滑运球

倒滑运球是一种较高水平的运球技术，常在摆脱对方的抢截并寻找时机传球或组织反攻时使用，动作方法（见图4-6-3）是：

（1）上体直立，抬头，目视全场，用余光看球；

（2）杆刃平放于冰面，用杆刃中部扣住球，向后拉或拨球（拨球次数要少）；

（3）如向左转弯，压步时，杆刃放在球的右前方，向左后方拉球；

（4）向右和向左动作相同，只是方向相反。

图 4-6-3

三、传接球

传接球是完成进攻战术配合的主要手段，也是个人技术与全队战术配合之间的纽带，包括传球和接球。

（一）传球

传球包括正手传球、反手传球和传腾空球等。

手传球

正手传球用得较多，也是较基本的传球方法，动作方法（见图4-6-4）是：

（1）球放在杆刃中部，球拍向前倾斜扣住球；

（2）若肩对目标传球，则将球拨到后脚旁，用拍顺冰面向前脚扫球；

（3）重心从后脚移到前脚，球从杆刃中部向前转动，拍尖指向传球方向；

（4）最后向内转动一下手腕，用杆刃贴冰面抽压冰球，使之旋转离拍，顺冰面平稳滑动传出；

（5）若胸对目标传球是因为同队队员在前面，传球前要把球拨到体侧，用上手后拉、下手前推的动作将球传出。

2.反手传球

反手传球是经常使用的一种传球方法，动作方法（见图4-6-5）是：

（1）和正手传球相似，握杆的两手放在腹前，将球拨到上手一侧；

（2）传球时，两手相向运动，下手先用力顺冰面扫球，通过手臂的转动，使球转动离拍传出。

3.传腾空球

传腾空球常在超越障碍（如球杆等）把球传给同队队员时使用，另外，控制球的队员想绕过两个后卫时，也可用这种方法将球挑起超越对方，然后追上去继续控制球。传腾空球的动作方法（见图4-6-6）是：

（1）球在身体前方，重心在前脚，杆刃中部接触冰球；

（2）用腕力向上、向前挥动球杆，杆刃向后仰，使球从拍刃的后半部向拍尖转动传出。

图 4-6-4

图 4-6-5

图 4-6-6

(二)接球

接球是战术配合的一个重要环节,包括正拍接球、反拍接球、冰刀接球、杆柄接球和接腾空球等。

1. 正拍接球

正拍接球是基本的接球方法,只有熟练地掌握正拍接球,才能掌握好其他较复杂的接球方法。其动作方法(见图 4-6-7)是:

(1)接球前,两手适力握住杆柄,手腕要灵活,两肩要放松,将杆刃平放在冰面上;

(2)接球时,要使杆刃与来球方向垂直,并将杆刃向来球方向伸出;

(3)杆刃接触球时,根据球的速度向后引球杆,以减缓球的冲力,同时要使杆刃前倾,与冰面所呈角度小于直角,将球扣住,以防球弹出或跳动。

2. 反拍接球

队员的反拍接球技术如果薄弱,就可能在比赛中失去球权,

贻误良好的战机，甚至造成不利局面。因此，反拍接球非常重要，其动作方法（见图4-6-8）是：

（1）和正拍接球基本相同，两手握住球杆，手腕要灵活自如，两肩要放松；

（2）杆刃与来球方向垂直，接触球拍时向后缓冲，并扣住球；

（3）注意用杆刃的后半部接球，如果用前半部，球就会顺着弯曲的杆刃前半部向前反弹出去。

3.冰刀接球

如果球传到脚下或身后，可以用冰刀接球，以便继续运球或射门，动作方法（见图4-6-9）是：

（1）球传到前面的滑行脚旁时，可用冰刀斜挡到球拍上，但不要踢球；

（2）球传到身后时，可用后脚冰刀斜挡到前面的球杆上，也不要踢球。

4.杆柄接球

杆柄接球的动作方法（见图4-6-10）是：

（1）当球传到前方较远处时，将一膝跪下，将杆柄平放在冰面上；

（2）向前伸出将球接住，再用杆刃将球钩回，然后站起控制球。

5.接腾空球

用手或用杆来接腾空球是接腾空球的两种方法，要求冰上技术熟练，接球速度快、准确，难度比较大。其动作方法（见图4-6-11）是：

（1）用手接腾空球时，手指放松，用手指接触球，以便缓冲，使球落于球杆附近，立即用杆控制住；

（2）用杆接腾空球时，用杆刃或杆柄将球从空中打落到冰面上，再进行控制。

图 4-6-7

图 4-6-8

图 4-6-9

图 4-6-10

图 4-6-11

第七节 射门技术

射门得分是决定比赛胜负的关键，因此，良好的射门意识和快速准确的射门技术是非常重要的。射门技术包括拉射（扫射）、反拍射门、弹射、击射和挑射等。

一、拉射（扫射）

拉射是基本的射门方法，初学者应该掌握，动作方法（见图4-7-1）是：

(1)肩对射球目标,将球先拨到后脚一侧,用杆刃后半部扣住;

(2)目视射球目标,余光看球,使球靠近门的正面,取得较好的射门角度,一旦决定射门,起拍要快,顺冰面向前拉球,同时重心由后脚移向前脚;

(3)球扫过前脚之后,顺势继续挥拍,指向射球目标,转动下手手腕抽打球,使球从杆刃后半部转至杆刃尖部飞离球拍;

(4)如想射高球,则在下的握杆手向上转动手腕;

(5)如想射低球,则向下转动下手手腕。

图 4-7-1

二、反拍射门

反拍射门的方向变化大,守门员难以判断和防范,其动作方法(见图 4-7-2)是:

（1）开始时球在后脚处，用杆刃扣住，重心落在后腿上；

（2）两手向前挥拍，同时重心开始移向前脚，两手挥拍逐渐加快，最后通过扣腕顺势挥拍，指向目标，使球从拍尖旋转而出，飞向射球目标。

图 4-7-2

三、弹射

弹射主要使用腕力，其特点是没有拉杆的缓慢动作，快速而准确地弹射可以防止对方破坏，增加得分机会，动作方法（见图 4-7-3）是：

（1）下手握杆比拉射略低，球杆先向后摆 30～50 厘米；

（2）两腕向后翻转，杆刃平行于冰面，然后向前用力挥拍；

（3）当杆刃接触球的一瞬间，突然用力屈腕，使球从杆刃的后半部转向前半部，飞离冰面和球拍。

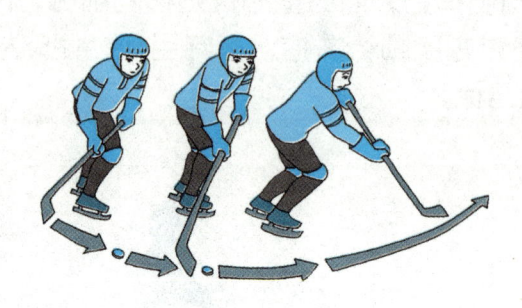

图 4-7-3

四、击射

击射是最快、最有力的射门方法,动作方法(见图 4-7-4)是:

(1) 握杆的下手向下移动 10～15 厘米;

(2) 将球放于两刀之间身体侧前方,先看击球目标,然后看球;

(3) 上体向后转动,将杆向后上方举起,两膝略屈,姿势要低;

(4) 两手紧握球杆,下手手腕固定,从后向前迅速挥拍,杆刃击在球后几厘米的冰面上,冰面的反作用力使杆弯曲变形,产生弹力,然后接触冰球边缘,使球从杆刃后半部向前半部转动;

(5) 前脚内转蹬冰,使重心后移,以增加向前的惯力;

(6) 目视目标,顺势挥拍指向目标,将球击出。

图 4-7-4

五、挑射

在对方门前,当守门员跪下或躺下防守时,进攻队员可将球向后拉回再挑起,使之从守门员身体上方飞入球门得分,这称为挑射,动作方法(见图 4-7-5)是:

(1)球靠近前脚,两腕突然向上翻转发力,将球挑起,突然抖手腕并顺势用力向上挥拍,使球从守门员身体上方飞入球门;

(2)挑球时,重心始终落在后脚上。

图 4-7-5

第八节 抢截技术

抢截技术是破坏对方进攻十分有效的技术，抢截技术的好坏取决于滑行技术的掌握程度、抢截动作的速度和力量、抢截的时机，以及勇敢顽强的精神。抢截技术主要包括用杆抢球和用身体抢截。

一、用杆抢球

用杆抢球是依靠熟练的滑行技术和杆上技术从对方手中抢球或者破坏对方进攻的方法，包括戳球抢截、鱼跃戳球、钩球抢戳等。

（一）戳球抢截

戳球抢截是常用的、有效的抢截方法，所有队员都可以使用，动作方法（见图4-8-1）是：

（1）抬头，目视带球队员，用余光看球，一手握杆，屈肘，将杆放在身体前冰面上，另一手靠近身体；

（2）抢截时，突然用力将臂伸直，用拍刃将球从进攻队员拍上截掉；

（3）如果截球成功，则应立即上去争夺球；

（4）如果戳球失败，则应马上恢复戳球抢截姿势，继续寻找机会再截。

图 4-8-1

(二)鱼跃戳球

当对方队员晃过防守队员准备射门时,防守队员可采用最后的手段——鱼跃戳球,动作方法(见图 4-8-2)是:

(1)戳球时,用力蹬冰,在进攻队员侧方向前鱼跃,目视冰球;

(2)用球拍顺冰面把球从对方拍上戳掉,破坏对方的射门动作。

图 4-8-2

(三)钩球抢戳

钩球抢戳是从后面或侧面向带球人进行抢戳,抢戳时,要寻找好时机,动作方法(见图4-8-3)是:

(1)靠近对方一侧的腿屈膝蹲下,伸出手臂,把拍刃平放在冰面上;

(2)向靠近自己的一侧扫球,也可使杆平行于冰面向外侧击打,然后抢戳球;

(3)后卫在倒滑防守时,对方队员从外侧绕过去,后卫要面对他做转身动作,尽可能靠近他,然后蹲下抢球,把球从他的拍上钩向自己。

图4-8-3

二、用身体抢截

冰球规则允许合理冲撞,身体的位置、重心的高低、时机的选择、平衡能力、力量和勇敢精神都直接影响冲撞的效果。用身体抢截包括肩部冲撞、臀部冲撞和向板墙挤贴。

(一)肩部冲撞

肩部冲撞时，要记住在身体接触之前不允许滑跑两步以上，否则就会被判罚。肩部冲撞的动作方法(见图 4-8-4)是：

(1)用肩部冲撞时要降低身体重心，膝部弯曲，两脚距离比肩略宽，交错分开，上体向前倾斜，但背要挺直，保持抬头，对准对方队员胸部正中进行冲撞；

(2)冲撞时，身体转向侧方，一脚在前，一脚在后，后脚用力蹬冰冲向对方，后刀外转，用内刃前半部切入冰面，不持杆的手上举到头部做保护；

(3)身体接触后，后腿用力向下蹬冰将对方撞倒，然后立即抢球。

图 4-8-4

(二)臀部冲撞

后卫用臀部冲撞较多，例如，后卫在倒滑时，发现进攻队员企图在身后沿边线界墙绕过，而自己与界墙之间又只有很小的空

间，则可用臀部冲撞进行阻截，动作方法（见图 4-8-5）是：

(1)冲撞时，身体略前蹲，如向左冲撞，则以左刀为轴，用右刀内刃蹬冰，使身体迅速向右转动，用臀部用力冲撞对方的大腿；

(2)冲撞之后马上去抢球，如果有同伴抢球，则可以继续阻截对方。

图 4-8-5

(三)向板墙挤贴

向板墙挤贴常在回追抢截时使用，动作方法（见图 4-8-6）是：

(1)挤贴时，防守队员应先于对方到达板墙，用臂和身体把对方挤贴在板墙上，并用臂和身体拦住其沿板墙前进的通路；

(2)向板墙挤贴时，重心要降低，两膝弯曲，两腿分开较宽，以保持平衡。

图 4-8-6

第九节 守门员技术

守门员是队内重要的队员，他的护具应该结实、轻便、合适，以保护守门员的安全，并使他的动作可以灵活自如。守门员技术包括基本站位姿势和防守技术等。

一、基本站位姿势

基本站位姿势包括蹲踞式、站立式和蝶式等。

(一)蹲踞式

蹲踞式是一种较低的守门姿势，特点是腿的动作快，两手的动作也要快，便于防守低球，动作方法(见图 4-9-1)是：
(1)抬头，挺胸，上体从腰开始前倾；

(2)两腿膝关节深屈并内收,两脚距离与肩同宽,以便保持平衡和向任何方向做动作;

(3)两臂放松,接球手张开,与膝平行放于体侧,随时准备接球。

图 4-9-1

(二)站立式

站立式是一种高的守门姿势,特点是上体能防守较大面积,动作方法(见图 4-9-2)是:

(1)两腿并拢,两膝略屈;

(2)背挺直,上体略向前倾;

(3)手握杆柄中上部,接球手做准备抓球姿势。

图 4-9-2

（三）蝶式

蝶式站位也叫开立式，动作方法（见图4-9-3）是：
（1）两腿较宽，开立呈"A"形；
（2）背挺直，上体深度前倾，抬头向前看；
（3）球拍放在两腿间，手握球杆宽柄处，抓球手上举张开，做准备抓球姿势。

图4-9-3

二、防守技术

防守技术包括抓球、半分腿挡球、全分腿挡球、双腿侧躺挡球、蝶式跪挡、侧踢球、刀挡球和戳球等。

（一）抓球

抓球常在球射到膝部以上或身上时使用，它对停球和控制球极为重要，动作方法是：
（1）抓球手始终张开，保持准备抓球的姿势；

（2）抓到球后，应放在冰上用杆传给同伴或打到门后、板墙角。

（二）半分腿挡球

半分腿挡球对防守阻挡射到两侧的球极为有效，动作方法（见图 4-9-4）是：
(1)一腿跪下，另一腿踢出；
(2)身体略前倾，手张开准备抓球。

图 4-9-4

（三）全分腿挡球

全分腿挡球常用来阻挡射到远侧的下角球，动作方法（见图 4-9-5）是：
(1)两腿在冰上迅速分开；
(2)同时举起抓球手防守射高球。

图 4-9-5

(四)双腿侧躺挡球

双腿侧躺挡球常在应对晃门及远侧冰面球时使用,动作方法(见图 4-9-6)是:

(1)侧躺时重心放在前腿上,后腿离开冰面;

(2)同时重心侧移,两腿向一侧滑倒,一腿压在另一腿的上面,挡球手或抓球手在上(取决于向哪边倒)准备防高球。

图 4-9-6

(五) 蝶式跪挡

蝶式跪挡常在应对晃门及冰面球时使用，动作方法（见图4-9-7）是：

(1) 双膝内收，两小腿外展，护腿内侧支撑；
(2) 背挺直，抓球手向上，球拍位于两腿中间；
(3) 射球一侧的冰刀必须伸过球门柱。

图 4-9-7

(六) 侧踢球

侧踢球常在应对侧面的快速低射球时使用，动作方法（见图4-9-8）是：

(1) 如果向右侧踢，重心落在左腿上，用力蹬冰，重心向右侧移动，用护腿正面对着球；
(2) 向左侧踢和向右相同，只是方向相反。

图 4-9-8

(七)刀挡球

刀挡球常在防守射底角球时使用,动作方法(见图 4-9-9)是:

冰刀转向射球方向,呈 90°角,刀刃全部着冰。

图 4-9-9

(八)戳球

戳球常在应对晃门或混战时使用,动作方法(见图4-9-10)是:

(1)迅速果断地用球拍戳球,完成防守动作,但要保持好平衡;

(2)如果进攻队员从握杆手一侧切入,守门员可以把拍翻过来完成戳球阻截。

图 4-9-10

第五章 冰球基础战术

攻守战术方法是运动员在比赛中为了完成整体战术配合而采取的分工配合方法。现代冰球运动的打法是全攻全守型，代替了过去后卫防守、前锋进攻的旧打法。进攻时后卫要积极助攻和打门，同时前锋在防守时更是要积极助守，竭尽全力地去抢截球，从而破坏对方的进攻。冰球运动的基础战术包括进攻战术和防守战术等。

第一节 进攻战术

冰球运动的进攻战术是指在比赛中为了突破对方的防守、创造机会打门得分而采取的有效方法和手段,包括守区进攻战术、中区进攻战术和攻区进攻战术等。

一、守区进攻战术

在守区,包括守门员在内,任何队员得到球后都要迅速转守为攻,积极参加进攻。守区进攻有4种战术。

(一)守区进攻战术一(见图5-1-1)

②号队员得球后直接传给向空当滑跑的⑤号队员,尽量造成一打零的局面。

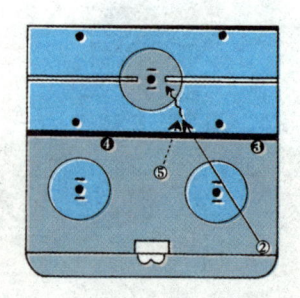

图 5-1-1

(二)守区进攻战术二(见图5-1-2)

(1)④号队员控制了球,右边锋⑩号队员向中间滑动插上;

(2)同时左边锋⑦号队员向右边滑跑牵扯❷号队员向中间滑动;

(3)中锋⑤号队员向左侧快速滑跑接应④号队员传球,在可能的情况下,④号队员也可以直接传给换位的⑦号或⑩号队员。

图 5-1-2

(三)守区进攻战术三(见图5-1-3)

(1)⑮号队员在门后得球,⑫和⑭号队员迂回接应;

(2)⑮号队员根据情况将球传给⑫或⑭号队员;

(3)当⑫和⑭号队员得球后,⑬号队员应斜插接应,⑫和⑭号队

员直接传给⑬号队员中路突破。

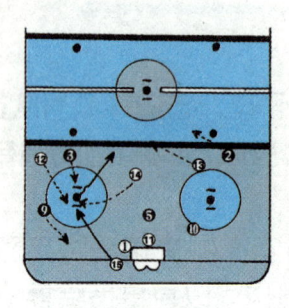

图 5-1-3

(四)守区进攻战术四(见图 5-1-4)

(1)②号队员得球后从门后运球，然后顺墙角弧传球给③号队员；

(2)在对方❾号队员阻截的情况下，④号和⑤号队员迂回接应，③号队员斜线传球，④号队员接球后便从中路突破，如果④号队员只做接球假动作但不接球，⑤号队员接球则从边线向前推进。

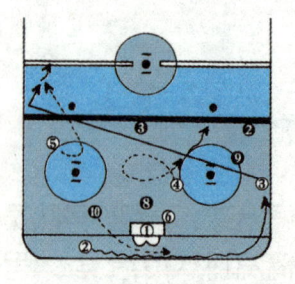

图 5-1-4

二、中区进攻战术

中区推进一般有直线传球、斜线传球、交叉换位、回传转移等方法。中区进攻有6种战术。

(一)中区进攻战术一(见图5-1-5)

(1)⑧号队员出守区后向前推进，⑦号队员斜插接应；
(2)⑧号队员直接传给⑦号队员，⑦号队员推进到攻区；
(3)⑧号队员传球后快速滑到⑦号队员的左锋位置进攻区。

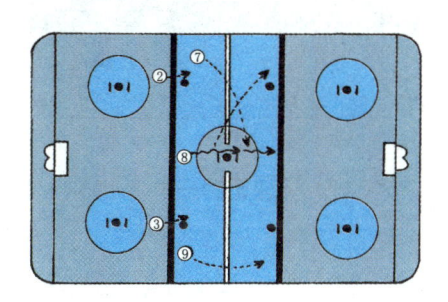

图 5-1-5

（二）中区进攻战术二（见图 5-1-6）

（1）⑩号队员出守区后在推进中斜传给⑨号队员，⑩号队员传球后积极地直线滑行至攻区蓝线前；

（2）⑨号队员接得球后直接进攻区，或再斜传给⑩号队员而进入攻区。

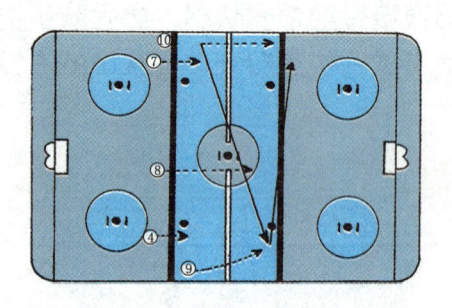

图 5-1-6

（三）中区进攻进攻战术三（见图 5-1-7）

（1）⑫号队员出守区后推进时，⑪号和⑬号队员交叉换位；

（2）⑫号队员可视情况传给⑬号或⑪号队员，从边线进攻，⑫号队员传球后去替⑪号队员中锋位置。

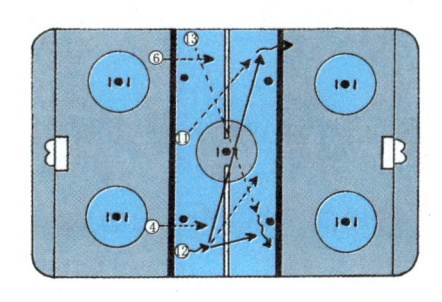

图 5-1-7

(四)中区进攻战术四(见图 5-1-8)

(1)④号队员在推进中受对方⑩号队员阻截,将球回传转移给⑦号队员;

(2)⑦号队员根据情况可斜传给⑥号队员,也可传给斜插接应的⑧号队员,由他俩向攻区继续进攻。

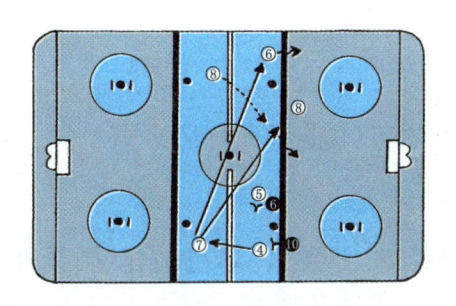

图 5-1-8

(五)中区进攻战术五(见图 5-1-9)

(1)⑭号队员在推进中受对方⑲号队员阻截回传转移给⑰号队员;

(2)⑯号队员迂回接应⑰号队员,⑮号与⑯号队员做交叉跑换位,⑰号队员将球传给⑯号队员,从中路推进到攻区。

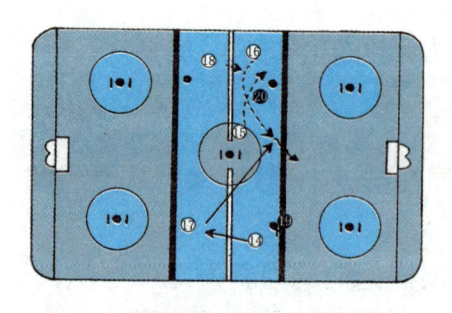

图 5-1-9

(六)中区进攻战术六(见图 5-1-10)

(1)④号队员运球出守区,对方⑦号队员紧逼防守;

(2)⑧号队员以最快的速度直插接应,④号队员做远距离大斜线或反弹传球给⑧号队员,继续向前推进。

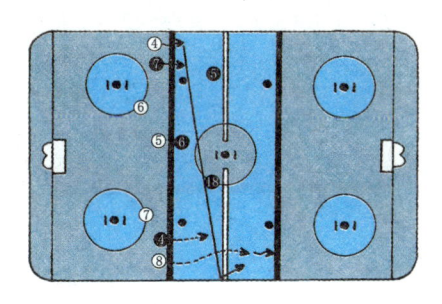

图 5-1-10

三、攻区进攻战术

推进到攻区后，主要的是如何将球射进球门。如果没机会马上射门，就要竭尽全力将球控制住，按预定的阵形落位，防止盲目地传球。攻区的基本阵形有"2—1—2"（见图5-1-11）、"1—2—2"（见图5-1-12）、"2—2—1"（见图5-1-13）。攻区进攻包括6种战术。

图 5-1-11

图 5-1-12

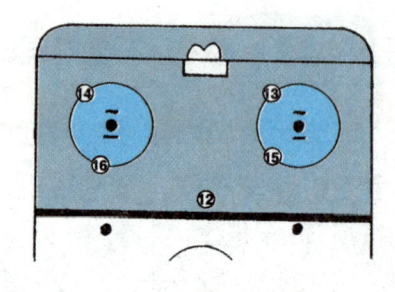

图 5-1-13

(一)攻区进攻战术一(见图 5-1-14)

(1)左锋⑥号队员运球进入攻区后,寻机劲射或大力击球;
(2)⑤号和④号队员迅速插到门前待补射。

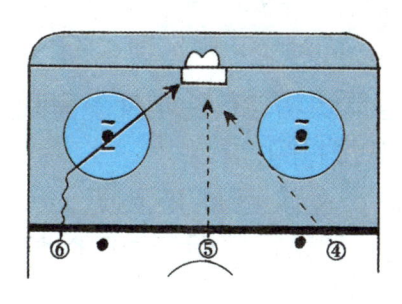

图 5-1-14

(二)攻区进攻战术二(见图 5-1-15)

(1)左边锋⑲号队员运球突破进入攻区后向两端区争球圈中间切入,遇对方❷号队员阻截时,将球留给跟进的⑱号队员;

(2)⑲号队员得球后大力击门或将球传给斜插接应的左边锋❷号队员,⑱号队员得球后射门。

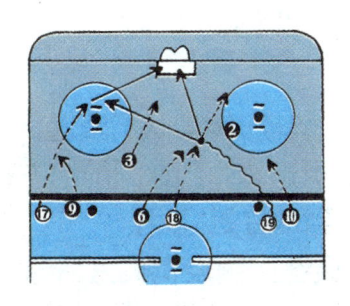

图 5-1-15

(三)攻区进攻战术三(见图 5-1-16)

(1)右边锋⑦号队员将球传给中锋⑨号队员,⑨号队员打门或传给左边锋⑩号队员打门;

(2)或者⑦号队员运球至球门区附近,传球给⑨号队员,⑨号队员打门或传给⑩号队员打门,也可以直接传给⑩号队员打门。

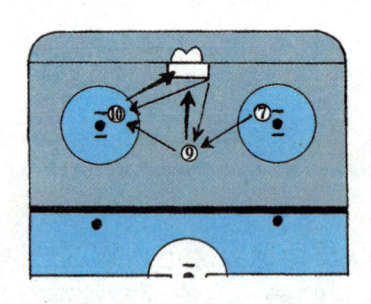

图 5-1-16

(四)攻区进攻战术四(见图 5-1-17)

(1)⑩号队员从边线推进⑧号队员紧逼,⑩号队员将球运到球门线后,中锋⑤号队员迅速插到球门前抢占有利位置接应⑩号队员,并做好准备,接到球立即打门;

(2)如果⑩号队员在门侧没有机会将球传给⑤号队员,就通过门后继续向前运球到另一门侧,将球传给直插上来的⑦号队员打门。

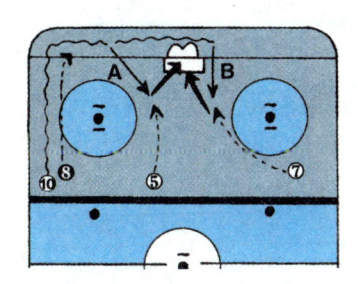

图 5-1-17

（五）攻区进攻战术五（见图 5-1-18）

（1）⑳号队员从左路运球，在通往球门后的路上都不能向门前传球，在此情况下便传给后卫②号队员；

（2）②号队员又传给另一后卫③号队员，③号队员直插接球便大力击球打门；

（3）⑪号和⑳号队员去门前补射。

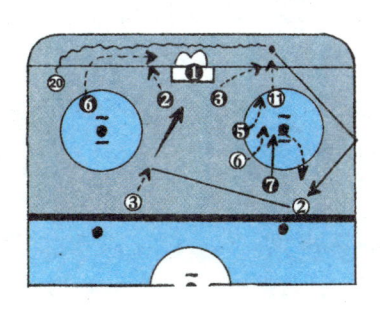

图 5-1-18

081

（六）攻区进攻战术六（见图 5-1-19）

⑥号队员顺球门线运球，没有机会传给门前同伴，便直接传给后卫③号队员，③号队员插上，接球击门。

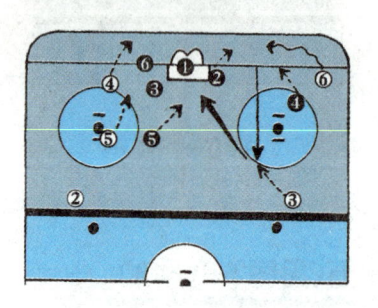

图 5-1-19

第二节 防守战术

防守战术是指处于防守状态的一方，为了尽快将球权夺回，保护自己球门不被对方攻破，以便重新发动进攻所采取的个人和集体配合的组织方法和形式。防守战术包括攻区防守战术、中区防守战术和守区防守战术等。

一、攻区防守战术

攻区防守包括 3 种战术。

(一)"1—2—2"攻区防守战术(见图5-2-1)

(1)❸号队员得球后,中锋❺号队员前去阻截③号队员的进攻;

(2)边锋❹号和❻号队员截断对方③号队员和④号、⑥号队员的传球路线;

(3)后卫❷号、❸号队员监视对方⑤号队员不让其从中路突破,❷号、❸号队员既不能轻易地深入攻区抢截,也不能盲目地撤出攻区,要看住蓝线,尽量不让球出攻区。

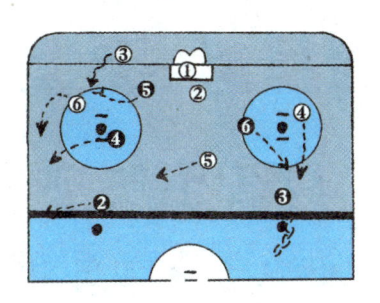

图 5-2-1

(二)"2—1—2"攻区防守战术(见图5-2-2)

(1)后卫③号队员得球后,传给边锋⑥号队员运球进攻;

(2)❽号队员前去防守,❻号队员要看守⑤号队员,❾号队员要看守⑦号队员,后卫❸号队员去边墙附近防止⑥号队员出攻区,后卫❷号队员要倒滑,防止⑦号队员突破;

（3）如果⑥号队员将球传给⑤号队员，除了❺号队员去阻截外，❸号队员也应去阻截。

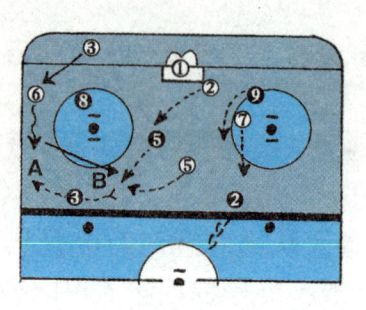

图 5-2-2

（三）"2—2—1"攻区防守战术（见图 5-2-3）

（1）⑥号队员在门后得球从右路发动进攻，❼号队员前去阻截；

（2）❺号队员协助❼号队员，❷号队员可找适当的位置防止从右路突破；

（3）❸号队员看守⑤号队员防止中路配合突破。

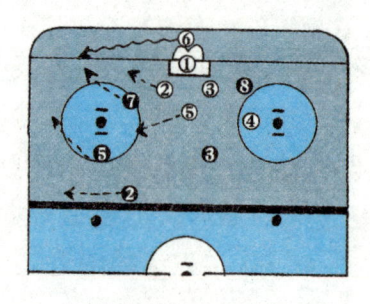

图 5-2-3

二、中区防守战术

中区防守包括 2 种战术。

（一）"1—2—2"中区防守战术（见图 5-2-4）

（1）攻方❺号队员运球推进，中锋❺号队员前去阻截；
（2）边锋❹号和❻号队员要分别看住⑥号和④号队员；
（3）❸号队员和❷号队员在守区蓝线前防守，一是防止中路突破，二是协助边锋不让对方进入守区。

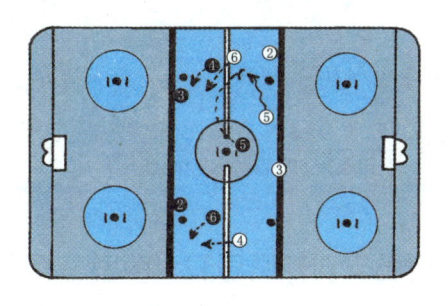

图 5-2-4

（二）"2—1—2"中区防守战术（见图 5-2-5）

（1）攻方右边锋⑥号队员运球推进，中锋❺号队员准备接应⑥号队员；
（2）中锋❺号队员一定要盯住⑤号队员，左边锋❼号队员积极地去阻截⑥号队员的球。

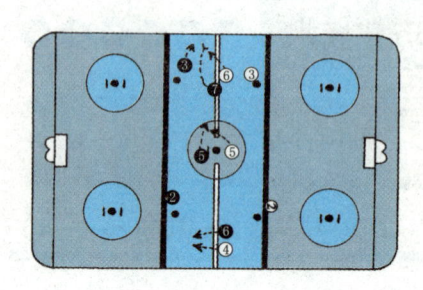

图 5-2-5

三、守区防守战术

守区防守包括 4 种战术。

(一)"2—1—2"守区防守战术(见图 5-2-6)

一般是两边锋看守对方两后卫,两后卫看守对方两边锋。

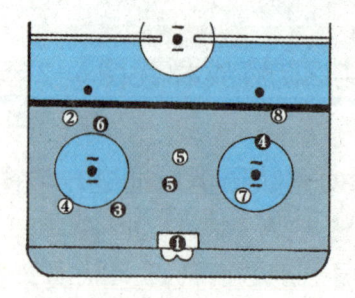

图 5-2-6

（二）"1—2—2"守区防守战术（见图 5-2-7）

（1）②号队员运球，❺号队员去阻截；
（2）如将球传给③号队员，❺号队员又要立即去防守③号队员。

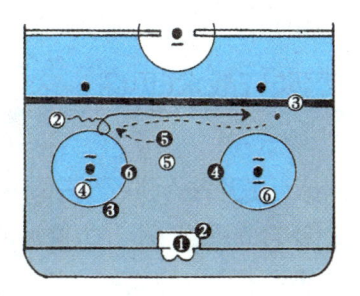

图 5-2-7

（三）"2—1—2"和"1—2—2"结合防守战术（见图 5-2-8）

（1）攻方③号队员控制球，边锋❻号队员去阻截；
（2）③号队员将球传给另一后卫②号队员时，❻号队员迅速撤回，与中锋❺号队员看守对方中锋⑤号队员，❹号队员立即去对②号队员进行阻截，即变成❻号和❺号队员看守对方中锋⑤号队员。

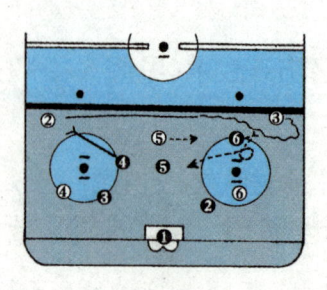

图 5-2-8

(四)"2—2—1"守区防守战术(见图 5-2-9)

(1)⑩号队员控制球,边锋❻号队员去阻截;
(2)⑩号队员将球传给⑨号队员,边锋❹号队员去阻截;
(3)⑨号队员又将球传给⑦号队员,后卫❷号队员从侧面出击逼住⑦号队员传不出球,并迫使他沿边墙到门线;
(4)这时中锋❺号队员重点看守对方中锋位置上的⑧号队员,同时也监视和防守⑩号队员的突袭。

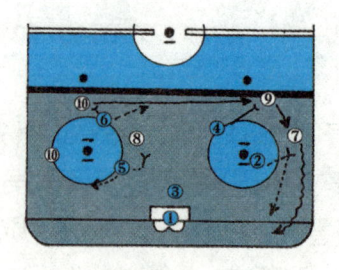

图 5-2-9

第六章 冰球比赛规则

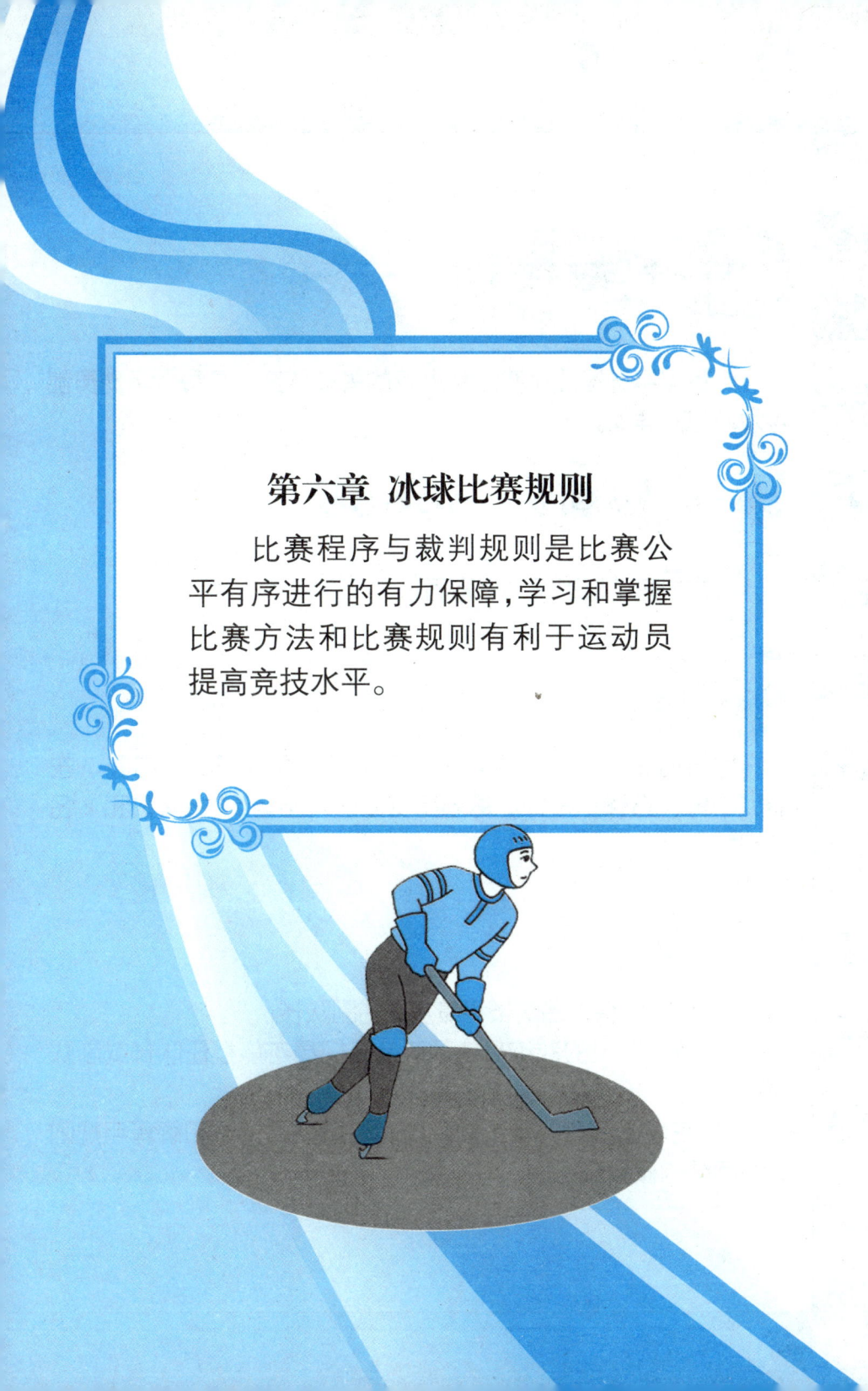

比赛程序与裁判规则是比赛公平有序进行的有力保障,学习和掌握比赛方法和比赛规则有利于运动员提高竞技水平。

第一节 程序

比赛程序是保证比赛顺利进行的关键要素,是每个运动员都必须遵守的准则。

一、球队组成

具体内容包括以下几个方面:

(一)组成

比赛时每队场上不得超过 6 名队员,即守门员、右卫、左卫、中锋、右锋和左锋。每场比赛每队可出场 20 名队员和 2 名守门员。

(二)队长

(1)每队应有 1 名队长和最多 2 名副队长;

(2)兼运动员的教练员或领队及守门员不能担任队长或副队长;

(3)在场上只有队长或副队长有与裁判员讨论和解释与规则有关问题的权利。

（三）守门员

每队在场上只能有 1 名守门员，守门员可以被其他队员替换，但队员不能享有守门员的特权。

二、进程

具体内容如下：
（1）比赛用抽签的方式确定主、客队；
（2）比赛前，主队应从裁判员处得到客队比赛名单，应将自己的名单由裁判员转交给客队；
（3）任何时候都可以替换队员，被替换的队员应先脱离比赛后，在想象限制区内进行替换。

第二节 裁判

裁判能够保证比赛结果的公平、公正，是比赛顺利进行的保障。

一、裁判员

每场比赛应有 2 名裁判员（2 人制）或 1 名裁判员和 2 名边线裁判员（3 人制）、1 名记录员、2 名监门员。

二、记分

每场比赛分3局进行,每局20分钟,每局中间休息15分钟,每局比赛开始前3分钟记录员应通知裁判员和两队。比赛每2局中间或决胜局中间应交换场地,在3局比赛中得分多者为胜队。

三、规则

(一)判罚

1. 冲撞类判罚

对冲撞犯规的判罚主要包括以下几个方面:

(1)队员用身体阻截、横杆推阻、肘顶、非法冲撞或用脚绊,使对方摔倒到界墙,裁判员可视其违规程度判小罚或大罚,并加罚严重违反纪律;

(2)队员助跑或跳起冲撞对方,应判小罚或大罚,队员对在球门区内的守门员发生任何犯规均应判双重小罚或大罚;

(3)队员(守门员除外)故意摔倒在球上或把球搂住,应判小罚,如该犯规发生在本方球门区内,应判罚任意球;

(4)用手、球杆或任何方式抱对方队员应判小罚,队员用手抓或抱住对方队员的面罩或头盔,或用手拉对方的头发,应判小罚或大罚,并加罚违反纪律;

(5)用冰球杆钩人、阻碍对方队员前进应判小罚,使对方受伤应判大罚。

2.非法使用冰球杆

（1）队员用冰球杆打人，阻碍或企图阻碍对方队员的行进，可视情节判小罚或大罚；

（2）队员用杆刃刺人或企图刺人，用杆柄杵人或企图杵人，应判小罚加违反纪律或大罚加严重违反纪律；

3.技术性犯规判罚

（1）（高杆）队员将冰球举过肩部正常高度时，可视情况判小罚，如碰伤对方队员应判大罚加严重违反纪律，如果裁判员认为该动作是偶然的，只判大罚；

（2）攻队队员举杆过肩击球入门应判无效，但守队队员高杆将球击入自己球门判有效；

（3）对干扰对方非控制球队员前进，或向对方运球队员打、射坏杆，或故意打落对方手中的球杆、阻碍对方拾起球杆及其他装备等方法来进行干扰的队员应判小罚；

（4）守门员的身体完全出了球门区，造成比赛停止，应判小罚；

（5）比赛进行中在队员席或受罚席上的队员，用身体或球杆干扰场上的球或对方队员，应判小罚；

（6）如果攻队队员故意站在球门区内，裁判员应停止比赛，在中区争球点争球；

（7）球不在球门区内时，队员用球杆或身体干扰或阻碍了球门区内的守门员的活动，应判小罚；

（8）守门员离场后，非法进场的人用身体、球杆或其他物件对运动着的球或对方队员进行干扰，应判非犯规队射中一球；

（9）控球队员越过红线后，在他和对方球门之间除守门员外没有其他队员需绕过时，守队的人用射球杆、断杆或其他物件来

进行干扰，应判非犯规队罚任意球。

(二)越位

攻队队员传球或正在运球，同队其他队员双刀完全越过攻区蓝线，冰球完全进入攻区，称为越位。越位可视具体情节缓吹及判有意越位。

1. 蓝线越位

如果越位时球运过蓝线，应在距球过线处最近的中区争球点争球；如果球是被传或射过蓝线的，应在传球或射球的起点争球。如判有意越位，应在犯规队守区争球点争球。

2. 红线越位（传球越位）

队员不得从自己的守区向位于中线前的同队队员传球，除非球先于接球队员越过红线。违反比赛规定，应停止比赛，在传球的起点或最近的争球点争球。

传出的球在越位前触及了任何队员的身体、球杆或冰刀，不算传球越位。如果边线裁判员错判了传球越位，应在中心开球点争球。

水球

第七章 水球概述

　　水球运动是一项比较流行的水中运动项目。它自19世纪末产生以来,经过长时间的推广、普及和发展,到目前为止,已成为非常受欢迎的健身运动项目。水球运动之所以能够在百余年间获得如此惊人的关注和普及,与它的特点和价值是分不开的。

第一节 起源与发展

水球运动1869年起源于英国,并于20世纪上半叶在世界其他国家和地区得到迅速的推广。随着水球俱乐部的成立,水球运动进入了不断地发展、提高和创新时期。

一、起源

相传,在19世纪60年代英国的一些地方,孩子们在海滩玩耍时,将足球抛到海里互相争夺,进行游戏。由于这种游戏与足球有着密切的联系,所以被称为"水中足球"。

二、发展

(一)国际

早期的水球游戏,规则简单且不统一。比赛中没有球门,运动员用双手将球放到对方端线的任何地方即可得分。

1877年,英格兰伯顿俱乐部(Burton Club)聘请W.威尔森拟定了水球比赛规则。后来,这一规则成为国际水球比赛规则的基础。

1879年,出现了有球门的水球比赛。

1885年,大不列颠游泳协会批准水球为独立的比赛项目,并定出11条比赛规则。

1888年,英国业余游泳协会举办了俱乐部水球锦标赛。

1890年,英格兰和苏格兰之间举行了第一次国际性的水球比赛。

1900年,第二届奥运会把水球列为正式比赛项目。

从1973年开始,世界水球锦标赛开赛。

1979年,水球世界杯赛又开始举行。这两大国际赛事的举办,标志着水球运动在世界范围内进入了一个新的发展阶段。

女子水球运动是一项新兴项目,出现于20世纪60年代。1980年7月,第一次国际女子水球比赛在马耳他举办。此后,女子水球运动逐步发展起来。

(二)国内

中华人民共和国成立后,在游泳运动被广泛开展的基础上,水球运动在国内迅速地发展起来。

在1974年第七届亚运会上,中国水球队第一次参加大型国际比赛,获得第2名。

在1978年第八届亚运会上,中国水球队以11:1战胜了日本队,获得冠军。

1980年,中国水球队在马耳他举行的国际水球比赛中获第1名。

从1979年开始,全国性水球比赛每年都进行两个阶段的联赛,分成年和青年两个组,此外还定期举办少年水球比赛。

可以预见,中国的水球运动必将得到更大的发展,水平也必将获得更大的提高。

第二节 特点与价值

水球运动易于开展，强度适中，对提高身体素质和发展心智都有着积极的作用，而且还有助于各国之间、人与人之间进行文化交流。

一、特点

（一）简单易练

水球运动的器材设备简单，室内、室外都可以进行，运动量可大可小，不同年龄、性别和身体条件的人都可以参加，很容易被青少年接受。

（二）富于变化

水球运动娱乐性强、富于变化，要求练习者在短时间内对瞬息万变的情况有较强的反应能力和应变能力。

（三）内容丰富

水球比赛需要个人技术的运用，也需要团体之间的配合。这既可以培养独立思考和单独作战能力，也可以培养集体主义精神。

二、价值

(一) 提高身体素质

青少年长期参加水球运动,不仅能够提高速度、力量、灵敏性和协调性等身体素质,而且能使肌肉发达、结实,使关节更加灵活、稳固。

(二) 改善神经系统灵活性

经常从事水球练习,可以增强中枢神经系统对其他系统与器官的调节能力,提高反应速度。

(三) 提高身体机能水平

经常参加水球运动,能使心血管系统的结构和机能得到改善,心肌变得发达有力,心容量加大,心脏的工作效率提高,这有利于加快身体的新陈代谢,有利于提高整个身体的机能水平。

(四) 提高心理素质

水球运动是一项竞技比赛,激烈的竞争以及成功和失败条件的经常转换,可能会导致参与者的情绪状态非常复杂。参与者可以通过这些变幻莫测、胜负难料的激烈竞争,体验种种情绪,逐渐提高心理素质。

(五)促进交流、增加友谊

经常参加水球运动的人,可以相交流经验、切磋球技,从而达到相互学习、共同提高、建立良好人际关系的目的。

第八章 水球场地、器材和装备

水球运动形式多样，内容活泼，具有很强的观赏性和娱乐性，它对场地、器材和装备都有较高的要求。高质量的场地是水球运动开展的前提条件，而良好的器材和装备是运动参与者发挥较高水平的必要保证。

第一节 场地

水球运动最好在正规的比赛场地进行,这样可以增加比赛的感觉,还能避免运动伤害的发生。

一、规格

(1)男子比赛场地(见图 8-1-1)宽为 20 米,两条球门线之间的距离为 30 米,女子比赛场地长为 20 米,宽为 17 米;

(2)场地的两端用明显的标记表示出球门线、从球门线算起的 2 米线、4 米线以及与两球门线等距离的中线;

(3)球门线和中线为白色,从球门线算起的 2 米线为红色,4 米线为黄色。

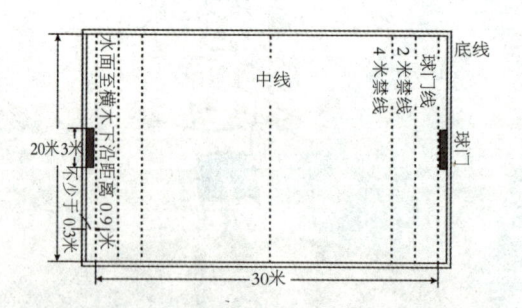

图 8-1-1

二、设施

(一)球门规格

两球门柱内沿之间相距 3 米,如水深超过 1.5 米,球门横木下沿应距水面 0.9 米,水深不足 1.5 米,则球门横木下沿距池底应为 2.4 米。

(二)球门材质

球门柱和横木用 7.5 厘米见方的木材、金属或合成纤维(塑料)制成,并涂成白色。

(三)要求

(1)球门柱必须固定垂直于球门线,并在场地端线中央;
(2)球门柱与端线或其他障碍物至少要有 30 厘米的距离;
(3)除池底外,场内不准有任何守门员可以站立或休息的地方;
(4)球门两侧及后方应用软网完全封闭,网要固定在球门柱和横木上,网底离球门线不得少于 30 厘米,撑起的网与球门深度应相等。

三、要求

(1) 场地任何地方的水深不得浅于 1.8 米（最好 2 米）；
(2) 池水清洁，水温不得低于 24℃，且不得高于 26℃；
(3) 光照强度不得少于 1000 勒克斯；
(4) 球门线和中线等标记必须在比赛时自始至终一目了然；
(5) 场地的两端应该有通道，以便裁判员工作时走动，在球门线标志处（监门员的位置）应留出空地。

第二节 器材

水球运动的器材主要是水球，正规水球在规格和材质方面都有一定的要求。

一、规格

球为圆形，球内储满空气，并有自动封闭阀，球内压力应为 200 千帕斯卡，球的周长为 68～71 厘米，重量为 400～450 克。

二、材质

水球应该是皮质的，要柔软，表面要光滑。

三、要求

（1）球必须防水；
（2）球面不应有突出的缝线；
（3）不准涂擦油脂或类似物质。

第三节 装备

装备在水球运动中不可缺少，是水球运动者安全的保障，包括游泳衣、游泳帽和游泳镜等。

一、游泳衣

游泳衣必须合身。游泳衣太大，游泳时容易兜水，加大身体负重和阻力；游泳衣太小，穿在身上不舒服，也会妨碍游泳动作的展开（见图 8-3-1）。

图 8-3-1

二、游泳帽

(一)用途

佩戴游泳帽(见图8-3-2)可以防止头发散乱,还可以防止因水质不好而损伤发质。游泳帽不能过大,否则容易脱落。

(二)材质

游泳帽应选用有弹性的尼龙或橡胶材质。

(三)要求

(1)一队应戴深蓝色帽,另一队戴白色帽,守门员应戴红帽;

(2)帽子应用长带系于颌下,如果队员的帽子掉落,必须在随后成死球时戴好;

(3)水球帽一般备有软性护耳,守门员软性护耳的颜色必须和该队场上队员帽子的颜色相同;

(4)帽子两侧应有号码,号码的高度为10厘米;

(5)守门员应戴1号帽,其他队员的帽号应为2~13号,替补守门员应戴守门员帽,未经裁判员同意,运动员不得随意更换帽号。

图 8-3-2

三、游泳镜

池水如果不干净，游泳时细菌很容易进入眼睛，导致红眼病等眼部疾病的发生。为了预防眼部疾病，佩戴游泳镜（见图 8-3-3）是非常必要的。对于初学者来说，戴游泳镜还可以纠正在水中睁不开眼睛的毛病。

图 8-3-3

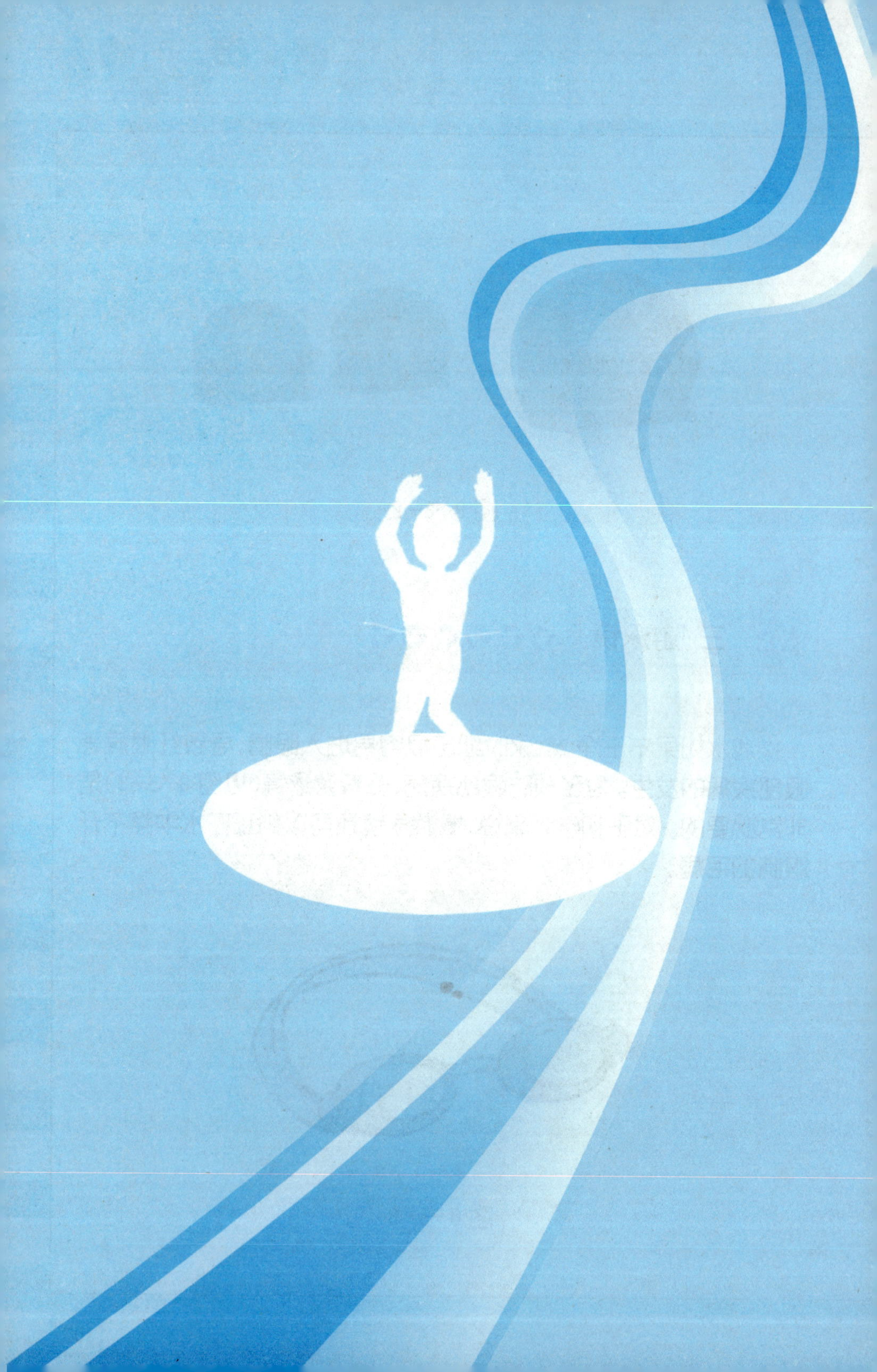

第九章 水球基本技术

水球运动是在水中进行的,除了需要掌握专项游泳技术,还要懂得在水中对球的处理技术。游泳技术包括:踩水、起跳、转体、抬头爬泳、起动游泳、急停和变向游泳等。处理球的技术包括:起球、持球、运球、控制球、传球、接球和射门等。在水球的基本技术中最重要的是传接球、射门和踩水。本章介绍基本练习、传接球、射门和防守。

第一节 基本练习

基本练习是水球技术练习的基础，包括各种游泳练习和踩水练习等。

一、各种游戏练习

各种游泳练习包括顺序颠倒的个人混合泳、蝶泳划手加自由泳打腿、蛙泳短冲、自由泳打腿、短冲加潜泳、钻水占前位、急停和起动、游动改变方向、自由泳仰泳交替游进、垂直蛙泳、仰躺反划水、单臂高举侧泳、往返冲刺、抬头短冲、拖带同伴和打腿短冲组合等。

(一)顺序颠倒的个人混合泳

顺序颠倒的个人混合泳的动作方法是：
游200～400米顺序颠倒的个人混合泳。

(二)蝶泳划手加自由泳打腿

蝶泳划手加自由泳打腿的动作方法是：
头部保持抬出水面，除用自由泳腿外，还可采用蛙泳蹬腿或其他泳式的腿部动作。

(三)蛙泳短冲

蛙泳短冲的动作方法是：
采用快频率的蛙泳，抬头，采用交替蹬腿。

(四)自由泳打腿

自由泳打腿的动作方法是：
(1)在 50 米泳池中进行，两手保持在前，自由泳打腿；
(2)头尽可能高抬，两腿用力打水；
(3)游 5～6 圈，每圈间歇 10～15 秒钟。

(五)短冲加潜泳

短冲加潜泳的动作方法是：
快速游 2～3 圈(其中 1 圈潜泳)，每圈间歇 15 秒钟，进行 3～4 次。

(六)钻水占前位

钻水占前位的动作方法是：
一前一后，交替钻水占前，视情况而定游多少圈。

(七)急停和起动

急停和起动的动作方法是：
(1)将队员分成几组，分别站于各泳道，发出信号后，各泳道的

第一人开始起动,短冲 4~8 个动作,听到哨声立刻急停;

(2)第三声哨响,再次短冲,同时各泳道的第二人也开始起动;

(3)如此顺序,直到所有人到达泳池另一端,重复多次。

(八)游动改变方向

游动改变方向的动作方法(见图 9-1-1)是:

(1)将全队分成几组,第一声哨响,各组的第一人抬头短冲,第二声哨响,快速改变方向,向出发点回游,重复 6 次,最后一声哨响,径直冲到游泳池另一端;

(2)当第三声哨响时,各组的第二人开始短冲,如此顺序,直到全部队员到达游泳池另一端;

(3)做 180°转身时,一手臂在水下做强有力的划水,屈膝收两腿,划水结束后,两腿伸展,向反方向蹬出,另一手臂在水面上,向改变的方向用力甩,做一次有力的打腿和划手,完成整个 180°转身动作。

图 9-1-1

(九)自由泳仰泳交替游进

自由泳仰泳交替游进的动作方法是：
(1)将队员分成几组,第一声哨响,各组第一人用自由泳做抬头短冲；
(2)第二声哨响,翻身180°游仰泳,第三声哨响,再翻身俯卧,用自由泳游到泳池端；
(3)第二人在第二声哨响后出发。

(十)垂直蛙泳

垂直蛙泳的动作方法(见图9-1-2)是：
(1)身体垂直游蛙泳,胸部露出水面,尽量高起；
(2)最好采用交替蹬水法。

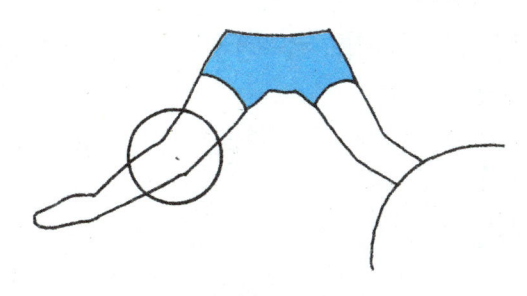

图 9-1-2

(十一)仰躺反划水

仰躺反划水练习的动作方法(见图9-1-3)是：
(1)预备姿势呈仰卧,保持两脚和胸部露出水面；
(2)用双手划水,向脚的方向推进,游到泳池的另一端。

图9-1-3

(十二)单臂高举侧泳

单臂高举侧泳的动作方法是：
(1)身体侧卧,单臂高举,另一手臂在水下帮助支撑并划水,两腿做剪式夹水前进；
(2)快速游至泳池的另一端,两臂交替,改用上举的手臂划水。

(十三)往返冲刺

往返冲刺的动作方法是：
(1)将队员一分为二,分在泳池两端,哨响,一端的队员开游,至距泳池边1米处,变向回游；

(2)另一端队员接着做同样练习。

(十四)抬头短冲

抬头短冲的动作方法是:
(1)短划水,快频率,抬头,身体高浮;
(2)高肘移冲技术,头部保持在水面上,身体做自由泳式前进。

(十五)拖带同伴

拖带同伴的动作方法是:
将队员分成几组,各组的第二人抓住第一人的脚踝,由第一人拖带着短冲至泳池的另一端。

(十六)打腿短冲组合

打腿短冲组合的动作方法是:
(1)两臂前伸,做自由泳打腿;
(2)听到哨响,立即划手,并全力冲刺,注意前四个划手动作,以及强有力的剪式夹水;
(3)第二声哨响,回到两臂前伸的姿势,做自由泳打腿,如此反复。

二、踩水练习

踩水练习常用于有一定基础者,动作难度较大,不容易掌握。

要求两腿交替做蛙泳蹬水,使臀部尽量露出水面,身体前倾,保持腿和身体约呈 80°角(如同坐在椅子上),两手可用于支撑,以便身体更好地平衡,两腿应在身体之下(即膝与胸在一个垂直面上),以便更好地支撑身体。如果两腿和两脚在身体后面,那么踩水支撑作用就较差,对抗时便不能保持良好的身体位置,而且也缺乏蹬水的爆发力。踩水练习包括两腿交替踩水和两腿交替踩水加短冲等。

(一)两腿交替踩水

两腿交替踩水的动作方法(见图 9-1-4)是:
(1)将队员分成几组,排在泳池一端,第一声哨响,各组的第一人开始做两腿交替踩水,"走"向泳池的另一端;
(2)行进过程中要求两手出水,抱头,面向前进的方向;
(3)改变行进方向,进行向左、向右"横走"和向后"走";
(4)改变手部动作,分别进行两手在水中支撑同时踩水、一手在水中支撑同时踩水、两肘在水中、两手出水同时踩水和两臂靠耳举起、两手握住对侧肘部、前臂放在头上同时踩水等动作。

图 9-1-4

(二)两腿交替踩水加短冲

两腿交替踩水加短冲的动作方法是：

(1)将队员分成几组,排在泳池一端,第一声哨响,各组第一人用手与腿支撑,尽量高踩水；

(2)第二声哨响做短冲,以自由泳式游到另一端；

(3)连续进行,直到全体队员都到达另一端；

(4)进行踩起(尽量使身体升高)、向前"走"练习；

(5)进行踩起、"横走"、短冲练习；

(6)进行第一声哨响短冲、第二声哨响踩水高起、第三声哨响短冲到另一端的练习。

第二节 传接球

传接球是水球比赛中的重要环节,传接球的准确性常常决定最终的胜负。一支优秀水球队的特点之一,就是传接球的准确性胜于其他队。一定要使每个队员在多变的情况下都能传好球。一个教练员如能制定出一套完善的传接球练习,对迅速提高球队的水平是相当有帮助的。应该把全部练习时间的 20% 应用于练习传接球。传接球包括起球、投掷球、接球、传球、传接球专项技术等。

一、起球

起球包括水下起球、按压起球、转动起球和抓球起球等。

(一)水下起球

水下起球的动作方法(见图 9-2-1)是：
(1)手位于球底,掌心向上贴着球底中心；
(2)迅速将球托起,拉至头后,将球传出。

图 9-2-1

(二)按压起球

按压起球的动作方法(见图 9-2-2)是：
(1)手掌心朝下,放于球的顶部中心；
(2)轻轻向下按压,球利用浮力弹起时,立即将球举在手中,向下按压时用力不能太大。

图 9-2-2

(三)转动起球

转动起球的动作方法(见图 9-2-3)是:
(1)手掌心朝下,放于球的顶部中心;
(2)利用手向左或向右转动的力量使球离开水面,将球举起。

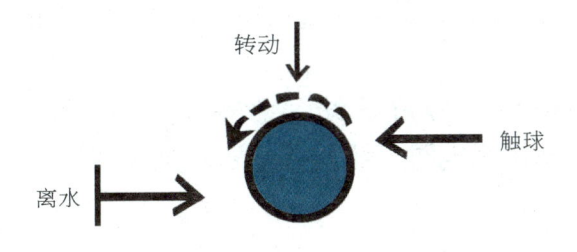

图 9-2-3

(四)抓球起球

抓球起球的动作方法(见图 9-2-4)是:
如同抓棒球一样将球抓起。

图 9-2-4

二、投掷球

投掷球的动作方法(见图9-2-5)是:
(1)持球于头后,右手投掷,左肩对着目标,左手在水中支撑;
(2)左臂、左肩向左转动,开始投掷动作,整个投掷臂的动作就像甩鞭,右肩如鞭头,右手如鞭梢,投掷臂甩动要有速度;
(3)右肘在身体前方时,手臂应呈90°角,肘部过右耳时,手平放;
(4)前臂和手做有力的甩动,手腕猛扣,完成掷球的弧形动作;
(5)投掷动作完成时,手臂甩直,对准投掷目标,出球后手指放松。

图9-2-5

三、接球

接球的动作方法(见图9-2-6)是:
(1)球传来时臂和手指前伸迎球,接球的关键是接球臂和手指要放松;
(2)触球后手和臂后引;

(3)尽可能早接触球,将球引到头后再控制住;
(4)手指和手臂要放松,不应过于僵硬。

图 9-2-6

四、传球

传球的动作方法(图 9-2-7)是:
(1)传球应既有力又准确,吊球或慢速的传球运用不多;
(2)做不落水传球时,应放低球的弧度,传在接球者的头上方;
(3)做落水传球时,应传在防守者拿不到球的水面上,一般落水传球只传给已经突破或正在快速游进的队员。

图 9-2-7

五、传接球专项技术

传接球专项技术包括对抗传球、跃起正手传水面反弹球、颠球、两腿交替踩水传球、仰卧传球与转体、拉开距离传球、中间人传球、四人方形传球等。

(一)对抗传球

对抗传球的动作方法是:
(1)在对抗情况下能拿到球,防守时不犯规;
(2)在对抗情况下能准确、及时地传球给本方突破队员。

(二)跃起正手传水面反弹球

跃起正手传水面反弹球的动作方法(见图 9-2-8)是:
(1)右手持球从水中起球,两腿交替踩水,左手支撑,保持身体垂直和跃起,适当转动,将球传到水面上,使之弹起,一圈大约传 6 次;
(2)换左手传球,向相反方向重复。

图 9-2-8

(三)颠球

颠球的动作方法(见图 9-2-9)是:

持球者被对方一个以上队员夹击时,为避免失球,一般把球挑到空中,再用指尖连续颠球,直到将球传出或控制住。

图 9-2-9

(四)两腿交替踩水传球

两腿交替踩水传球的动作方法是:

(1)两人一组,面对面,从泳池一端开始做两腿交替踩水,保持两手举出水面,互相短传,边传边走完池长;

(2)上一组已"走"一定距离后,下一组开始,传球队员之间的距离可变化,通常保持一定的近距离。

(五)仰卧传球与转体

仰卧传球与转体的动作方法(见图 9-2-10)是：

(1)持球手在球下或球上,右手持球向左转体,左手持球则向右转体；

(2)传球片刻双腿做有力的蹬水,通常进攻者如未避开对方,则必须再次转体并继续带球游动。

图 9-2-10

(六)拉开距离传球

拉开距离传球的动作方法是：
(1)两队员开始相距约 2 米,用左、右手传球,逐渐拉开到 20 米;
(2)距离拉开到 15～20 米时,应传完 30～40 次,不能失误。

(七)中间人传球

中间人传球的动作方法(见图 9-2-11)是：
(1)三人呈一条直线,分别相距 5 米,球先从一侧的外围队员传给中间队员;
(2)中间队员接球后立即传给另一侧的外围队员,再回传给中间队员,如此反复;
(3)中间队员必须用左、右手传接球,每名队员轮换居中,做接传球 3～5 分钟。

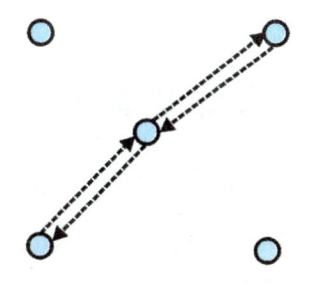

图 9-2-11

(八)四人方形传球

四人方形传球的动作方法(见图9-2-12)是:
(1)四人组成正方形,先向一个方向传球,哨响后改变方向;
(2)队员用左、右手(两手举出水)进行,尽量做到快速传球。

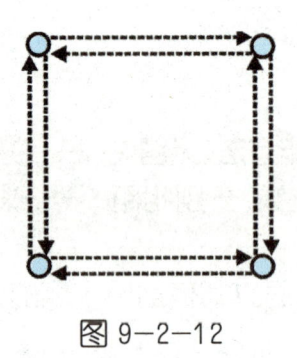

图 9-2-12

六、队员分布平衡

比赛中要使场上队员的分布保持平衡,在场上两边经常保持相等人数的队员,这在水球比赛中是很重要的。这样做,在进攻时可以避免场上队员出现堆积的现象,而在防守时又可以防止对方所期望的暂时以多打少局面的出现(见图9-2-13)。

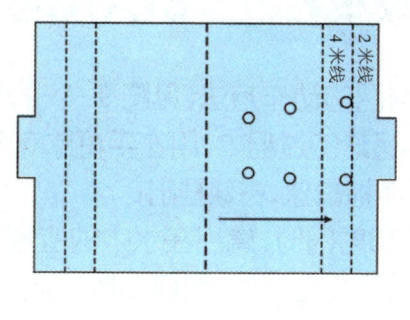

图 9-2-13

第三节 射门

射门时要求注意力集中于目标,手指差不多位于球的顶部,向前扣动手指出球,不能塌腕,同时身体在水中保持水平(见图9-3-1)。射门包括挑球推球射门、推球射门、旋转球射门、游动急停射门、游进晃球射门、仰卧射门、反手射门、吊球射门和罚4米直接任意球射门等。

图 9-3-1

一、挑球推球射门

挑球推球射门的动作方法（见图 9-3-2）是：

（1）向球门运球的过程中，用左手将球向右肩方向略挑离水面，向前移右臂，以手指戳球，将球推出；

（2）在运球和射门时，肩部在水中的位置尽量要高，打腿有力，用于射门的手臂应完全离水，肘部不能下沉。

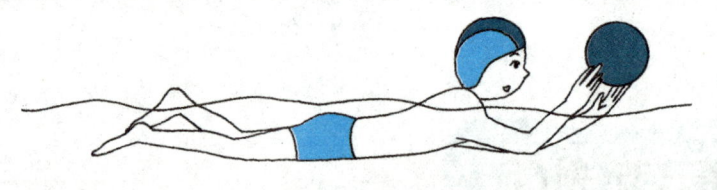

图 9-3-2

二、推球射门

推球射门的动作方法（见图 9-3-3）是：

（1）习惯射门的一手放于球的顶部，略微下压，使球反弹；

（2）当球离开水面时，立即像挑球推球射门一样进行射门。

图 9-3-3

三、旋转球射门

旋转球射门的动作方法（见图9-3-4）是：

（1）射门的手位于球下，托住球，将球向肩部回引，利用向前游动的惯性及臂部的内旋做推球射门动作；

（2）进行旋转球射门时必须强调游动的速度要快和出球动作要突然；

（3）旋转球射门是一种带有假动作的射门技术，熟练地掌握这种技术对守门员会有较大的威胁性；

（4）运用这种射门方式时，直到球射出为止，守门员往往还看不到射门的动作，不易防守。

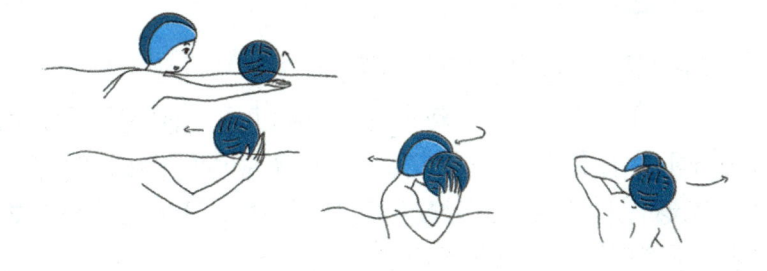

图9-3-4

四、游动急停射门

游动急停射门的动作方法（见图9-3-5）是：

（1）从小场切入到球门前7~8米处急停，跃起接球，球接到手立即起手射门；

（2）两腿和不射门的手做支撑动作，使上体尽可能地高出水

面,两腿弯曲,快速前收到身体下面,再向下蹬出,以升高体位;

(3)射门应快速、有力。

图 9-3-5

五、游进晃球射门

游进晃球射门的动作方法(见图 9-3-6)是:

(1)水中的手做小幅度划水动作,帮助身体保持平衡,身体侧对投掷方向,手持球并前后晃动,使对方不知何时传球或射门;

(2)晃球过程中要保持高速,在即将要射门、快速突破成功或对方逼近可能偷球时,均可运用这一技术。

图 9-3-6

六、仰卧射门

仰卧射门的动作方法(见图9-3-7)是：
(1)射手位于球门的右侧从右向左(用左手者从左向右)游动；
(2)进行仰泳姿势射门。

图9-3-7

七、反手射门

反手射门的动作方法(见图9-3-8)是：
(1)进攻者背向球门，一般采用下压起球或水下起球；
(2)手臂和肩露出水面，臂内旋，甩臂时上臂和肘应先行；
(3)手臂大约弯曲至90°，当上臂与肩呈一直线时，手臂甩直出球，沿出球方向继续甩动。

图9-3-8

八、吊球射门

当守门员离球门较远时采用吊球射门,动作方法(图 9-3-9)是:

(1)将球高抛绕过守门员的射门;

(2)射门时要注意手臂的鞭甩动作和手指的拨球动作。

图 9-3-9

九、罚 4 米直接任意球射门

罚 4 米直接任意球射门的动作方法是:

(1)一个队选择 2～3 人作为主罚 4 米直接任意球的队员;

(2)比赛中一名队员不应连续罚球 2 次以上,在一名队员已罚球 2 次后,应换另一人主罚;

(3)如果一队员刚做了全场反击,可能会因体力下降而影响罚球的成功率,应换其他队员主罚;

(4)选择罚 4 米球最好的角度是下角,因为守门员按习惯是向上起跳,有可能漏低球;

（5）射门前不应看射门的角度，注视球门的中间或守门员的身体，不要看守门员的眼睛。

第四节 防守

防守是水球运动重要的一环，防守者要不断紧逼，尽量封断进攻者的每一次传球，好的防守者应迫使进攻者在移动或传球过程中出现失误。"判断"在水球防守中是十分重要的，每一名队员都要力争具有预见性，以便在各种情况下取得主动，要不断紧逼，迫使对方匆忙传球或传球失误。在这种情况下，加上正确的判断，就能获得反击的成功。防守包括紧逼人盯人、保持不断紧逼、站位、抢占传球路线、守门员呼唤、补位、防守罚4米任意球、防守罚2米任意球和防守原则等。

一、紧逼人盯人

紧逼人盯人的动作方法是：
（1）进行人盯人的紧逼；
（2）每名队员都必须积极紧逼，不断给对方施加压力，如果有一名队员放松了紧逼，整个防守就可能失效。

二、保持不断紧逼

保持不断紧逼的动作方法是：
（1）进行不断紧逼，迫使进攻的一方不能将球带到前场，超过

规定的控球时间；

（2）如紧逼得好，使对方匆忙传球，就可能断球，制造局部以多打少的机会。

三、站位

站位的动作方法（见图9-4-1）是：

（1）当球进入防守者半场，防守者应位于进攻者与球门之间；

（2）当球不在防守者半场，防守者可位于进攻者的边上或前面。

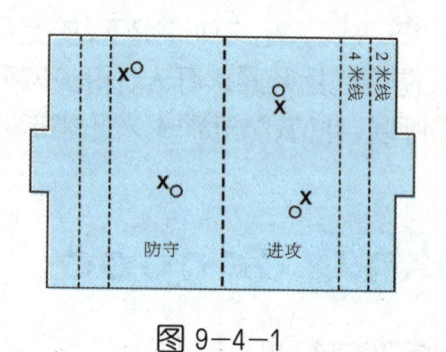

图9-4-1

四、抢占传球路线

抢占传球路线的动作方法是：

（1）一般后场队员传球给前场队员会先观察，再向后转体，不看接球者，直接传球；

（2）这段时间内，防守者应抢占传接球两名队员之间的路线，争取截取到球。

五、守门员呼唤

守门员呼唤的动作方法是：

（1）在对方有两名队员，而防守仅有一人的情况下，守门员要呼唤出希望由哪一人射门，一般此人带球游进可能更累，由他射门可给守门员较多时间准备防守；

（2）在一防二的情况下，防守队员要阻挠对方的进攻，应以假动作扑抢，使对方减慢进攻速度，这时守门员应做好准备，清楚谁将射门。

六、补位

补位的动作方法是：

当进攻一方有人突破并逼近球门时，防守队员应及时补位，等有合适机会，再去盯原来的目标。

七、防守罚4米任意球

防守罚4米任意球的动作方法（见图9-4-2）是：

罚4米任意球者的两侧应各有一人防守，在球出手后迅速抢占到罚球者的前面，以防球被守门员或球门挡回时，对方重新得球。

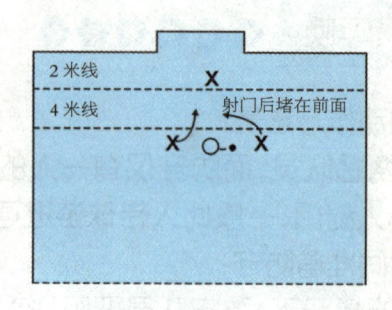

图 9-4-2

八、防守罚 2 米任意球

防守罚 2 米任意球的动作方法是：
(1) 防守者应力争站在 2 米人的前面或侧面；
(2) 如果防守者被迫位站于 2 米人后面，则应用左手位于 2 米人的左髋上，将其抱紧，将右手举出水面，以便将球推离；
(3) 如果此 2 米人能用另一只手射门，并将球移到左手，则防守者应以右手按触其右髋，举起左手以防起球，防守时上身不应垂直，应前倾半俯卧，约呈 45°角；
(4) 需要注意的是，紧逼要逼得恰到好处而不犯规，否则会造成对方发间接任意球。

九、防守原则

比赛前防守者应事先了解对方是用右手还是用左手射门和用什么方法射门。如果他是用右手，最可能的射门方式是扫射。当他用右手控球时，你要用右臂压住他的右上臂，防止他起球。

有以下情况时，原来的防守一方可转为进攻：截得对方的传球；对方射门不中，或被封住；对方进攻时犯规；对方进攻控球时间超过35秒钟。

攻防转换时，来进攻一方的前锋变为防守队员，在返防中，他必须考虑有时要站位在对方和对方守门员之间，切断他们之间的传球路线。如果成功，在对方后场反击和突破，迫使传球者背向接球者，使同队队员有可能抢得对方传得差的球，也就是诱惑对方传球，并在传球路线上截取。

防守原则能从进攻原则中获益，捕捉恰当时机，看准时机截球；抓住时机游动；看准时机传球，抓住时机射门。总而言之就是要判断准确，具体有以下原则：

（1）防2米人游到其球门前；

（2）防守时臀部高起，如果下沉，防守者易被切入者突破；

（3）发间接任意球时，注意保护背后的大门，保护中路，留神对方快速短传射门，身体高起，两手出水，准备截球；

（4）盯2米人时，保持臀部高起，不要过多犯规，要紧逼控制住他，推他出去；

（5）当球进入防守半场时，要站在进攻队员和球门之间；

（6）传给2米线上的中锋的球，80%～90%是来自右翼的；

（7）在射门失败后，对方后场反击时，一般球先传边，这时应紧逼接应球的队员，使他不能及时地传给突破者，迫使其回传守门员或向后退；

（8）站位好能提供偷球的机会，因为在一人突破时，进攻一方很匆忙，在紧逼情况下，传球者常根据同队队员的喊声传球；

（9）钻水人出水时，两手撑开，注意避免犯规，然后转入紧逼；

(10)防反手射门时,手臂对准进攻者的肘部,阻止其移动;

(11)比赛开始就要表现出有威胁性,让对方知道你的厉害;

(12)不要跟着进攻者做动作,因为防守者一旦被动,他的防守就可能会失败。

第十章 水球基础战术

战术是为了充分发挥技术水平、争取比赛胜利所采取的具体方法。一支水球队必须有良好的团队合作精神和应对场上情况的能力，这就需要制定合理的攻防战术。水球的基本战术包括常见战术、多打少战术和防守战术等。

第一节 常见战术

常见战术包括争得球后战术、楔形战术和交叉战术等。

一、争得球后战术

争得球后战术方法是：
（1）有的战术打法偶尔可以运用，但必须极其小心，不要勉强；
（2）如果机会不是很好，就不要传球，进攻队员应该继续游动，机会成熟再将球传到前场。

二、楔形战术

楔形战术方法（见图10-1-1）是：
（1）前面两人一起并肩游进，极其接近，射手在他们的后面；
（2）边上做摆脱的队员既要插得很深，能挡住一名防守者，又要考虑一旦射手射门不中，能够快速回防；
（3）射手不应该过早接球，否则此战术可能失败。

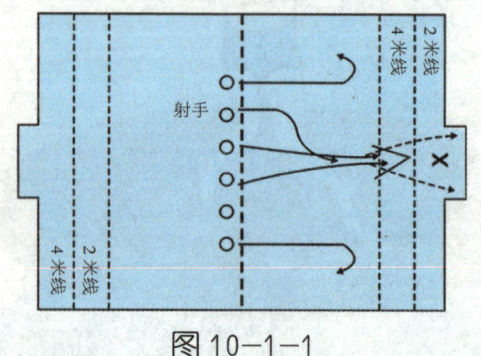

图 10-1-1

三、交叉战术

交叉战术方法(见图 10-1-2)是：

（1）射手必须在同队队员身后交叉向右侧游过去，传球应准确；

（2）由于是从右侧射门，因此适用于左手射门的队员，如果在另一侧运用这种打法，则适用于右手射门的队员。

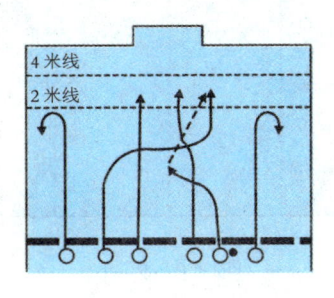

图 10-1-2

第二节 多打少战术

快速突破的主要目的是落下一个防守队员，形成以多打少的局面，包括六打五战术、四打三战术和三打二战术等。

一、六打五战术

六打五战术方法(见图 10-2-1)是：

(1)3名进攻队员站在2米线处,另外3名进攻队员位于5～6米线处;

(2)在6名队员中,始终有1名进攻者是无人防守的,目的是传球给他射门;

(3)应很好地了解守门员的位置,如果守门员的位置没偏,不要轻易射门,而应继续传球,但要注意不让落下的防守队员赶上。

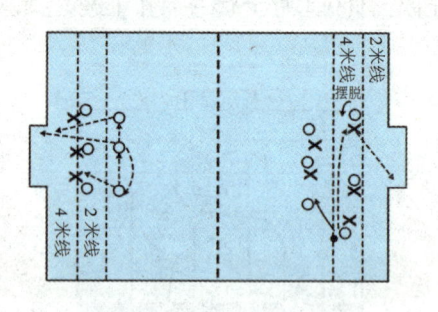

图 10-2-1

二、四打三战术

四打三战术方法(见图10-2-2)是:

(1)2名进攻队员尽快游到2米线处,另外2名进攻队员分开,游至4～5米线处,牵制剩下的1名防守者,防守者将逼住其中的1名进攻队员,另1名进攻队员则是无人防守;

(2)不应将所有进攻队员都切到底,在2米线处呈一线,这样无法真正形成多1人的优势,边上2名进攻队员的射门角度又较差;

(3)防守者在4米线处应做假动作,来回扑2名进攻者,以拖

延其射门时间,直到本方落后的队员补上;

(4)防守者不应让进攻者从容射门,除非守门员呼唤"让他射",大多数情况下守门员将呼唤让谁射门;

(5)守门员呼唤以后,4米线上的后卫就不应该再回扑2名进攻者,因为守门员已准备好守球,如果这时后卫还去扑抢,会迫使带球者传球,这时守门员已偏离原来的位置,使其由主动变为被动。

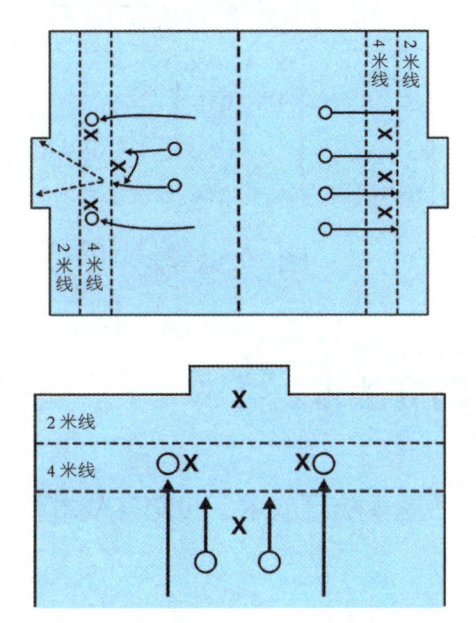

图 10-2-2

三、三打二战术

三打二战术方法(见图 10-2-3)是:

（1）2名进攻队员游至2米线处，向两侧拉开，另1名队员运球从中路游进；

（2）如果1名防守者上来扑球，要等他靠近时再把球传给没被防守的进攻队员，使对方守门员来不及移位；

（3）如果防守者不上来扑球，则中间的进攻者就有机会直接射门。

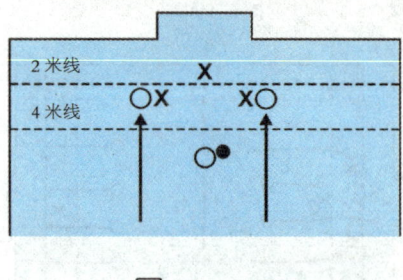

图 10-2-3

第三节 防守战术

防守战术包括基本防守战术、少防多战术和罚4米任意球防守战术等。

一、基本防守战术

基本防守战术的方法（见图10-3-1）是：

（1）防守者在4米线处应做假动作，来回扑抢2名进攻者，以拖延其射门时间，直到本方落下的队员补上；

（2）不准进攻者从容地射门，除非守门员叫"让他射"（绝大多

数情况下守门员将呼唤让谁射门）；

（3）当守门员叫喊以后，4米线上的后卫就不应该来回扑抢2名进攻者，因为守门员已准备好守带球的进攻队员，如果这时后卫还去扑抢，会迫使带球者传球，这时守门员已偏离原来的位置，使他由主动变为被动。

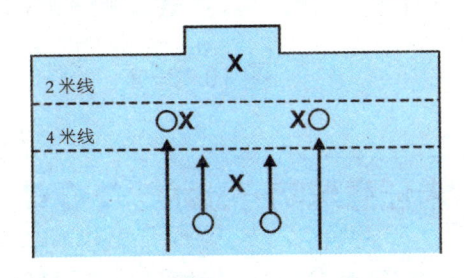

图10-3-1

二、少防多战术

少防多战术方法（见图10-3-2）是：

（1）本方一人被罚出场，或是本方在一次射门后有一人在返防时落后，造成本方少一人，对方控球的情形时，其他队员应紧逼人盯人，迫使对方控球超时，或等到本方队员回场；

（2）如对方控球时间允许，防守方队员应有目的地迫使其传不出球。

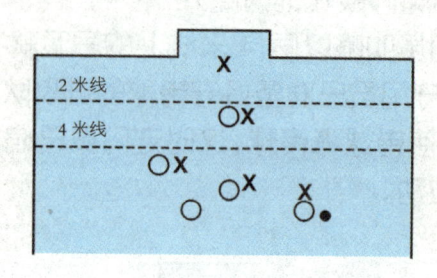

图 10-3-2

三、罚4米任意球防守战术

罚4米任意球防守战术方法(见图 10-3-3)是：

(1)防守者应占据靠近射手的内线位置，射手罚球臂一侧的防守者是防守关键；

(2)要在球出手后立即抢占到射手和球门之间的位置，挡住射手，防止其得到反弹回来的球，再次射门；

(3)另一边的防守者堵在对方前面。

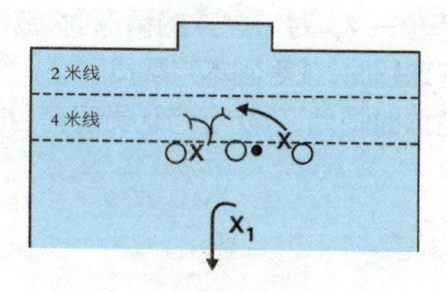

图 10-3-3

第十一章 水球比赛规则

　　合理的程序是比赛顺利进行的前提条件，正确的裁判是比赛公平、公正的基本保障。了解水球比赛的程序与裁判等相关知识，能够使观众更全面、更深入地欣赏比赛，同时又能使运动员游刃有余地进行比赛。

第一节 程序

水球比赛要按照一定的程序进行,包括参赛办法和比赛方法。

一、参赛办法

(一)比赛时间

每场比赛分为 4 节,每节比赛的实际时间为 7 分钟。两节之间休息 2 分钟,同时交换场地。每次比赛从一名队员接触球时就开始计时。所有的哨声都要停表,直到比赛继续进行。

(二)比赛人数

每个队应由 7 名队员组成,其中 1 名为守门员,并戴守门员帽子。

替补队员不得超过 6 名。替补队员应站在监门员一侧、场角 2 米内的本方球门线处入场(如未设监门员,则在计时员对面一侧)。

队长应是上场队员,并应对本球队的良好品行和纪律负责。比赛开始前,双方队长应在裁判员主持下通过掷硬币选择场地或帽子的颜色,猜中者享有挑选权。

二、比赛方法

(一)开球

1. 比赛开始时

每节比赛开始,队员必须在本方球门线之后排成单行。队员之间距离约1米,靠近球门柱的队员离球门柱的距离不得少于1米。两球门柱之间不得超过两人。裁判员待双方队员准备妥当后即鸣哨,随即将球掷入球场中线。

2. 进球后

一方进球得分后,双方队员应回到本方半场内重新开始比赛。裁判员鸣哨后,由失分一方的一名队员在中线的中点处开球。开球后的第一传必须传给本区内的一名队员。开球不合规定者应重新开球。

(二)决胜期

如果全场比赛结束时得分相同,而比赛又需要决出胜负时,应在休息5分钟后开始决胜期。决胜期包括两节,每节实际比赛时间为3分钟。两节之间休息1分钟,并交换场地。决胜期可继续,直至分出胜负为止。

第二节 裁判

对比赛而言，裁判员合理的裁判工作是比赛顺利进行的保证；对运动员个人而言，了解和掌握裁判规则能够使自己充分发挥技战术水平。

一、裁判员

水球比赛中有两名裁判员，分别站在水池两侧。裁判员要身着裁判服，除使用哨子外，还要手持蓝旗和白旗，以表示比赛双方。

在队员犯规或违例时，裁判员要鸣哨，同时给出手势和旗语，指出犯规队员和原因，并给出判决方法。

二、评分方法

在比赛开始或重新开始时，球应至少经两名队员的接触，就可以用身体任何部位（除用拳头以外）进球得分。

球未经过两名以上队员接触之前，且守门员没阻截球，比赛不算开始。

如果球越过球门线或击中球门柱、守门员，裁判员应判守门员发球门球。

三、规则

(一)球门球

球越过球门线时,裁判员应立即鸣哨。如球的整体超过球门线,但未入球门,而最后触球者为进攻队队员,则判对方守门员发球门球。

守门员掷球门球可在2米区内任一地方。掷球门球不合规定时应重掷(非法处理球除外)。守门员离场时,另一名队员必须在2米区内任一地方掷球。

(二)角球

球穿过球门线时,裁判员应立即鸣哨。如球的整体越过球门线又未入球门,且最后触球者为守方队员,应由攻方队员在球出界一侧的2米线标志处掷角球。掷角球时,任何队员不得进入2米线(守方守门员除外)。如守门员已经离场,任一队员可在球门线上就位,但不行使守门员权利。

守门员掷间接任意球或球门球时,如球未经其他队员接触而重新持球,且球的整体越过本方球门时,应判对方掷角球。掷角球时,如其他队员在2米线内,应重掷。

一队员投掷间接任意球,如将球传给本方守门员,传出的球未经其他队员接触而直接入门,或穿过球门线,应判对方掷角球。

151

(三)守门员

在4米线区域内,守门员可站立和行走、握拳击球、从池底跃起接球,两手同时触球。

守门员不得游过中线或触及中线以外的球。如有违反,将由距离最近的对方队员在犯规处发间接任意球。

守门员在本方半场内可持球射对方球门。守门员出现扶持或推离球门、池边扶手及排水槽犯规,则由对方在正对犯规地点的2米线上发间接任意球。

守门员发间接任意球或球门球时,球出手后,未经其他队员接球,而又重新持球,使球入本方球门时,应判对方罚角球。如在同一情况下,守门员球出手后经过其他队员接触而又更新持球,并使球入本方球门时,应判为进一球。

比赛时,守门员由于意外事故、疾病或伤害离场时,裁判员可允许由替补队员替换上场。被替补出场的原守门员,如再进场比赛,可替补任何位置的队员。